改訂版

エスピギータ
実りのスペイン語

ESPIGUITA
PRIMER CURSO DE ESPAÑOL
– NUEVA EDICIÓN –

JN087015

Atsumi Okada

Madori Nasu

Editorial ASAHI

PAÍSES
HISPANOHABLANTES

ISLAS CANARIAS

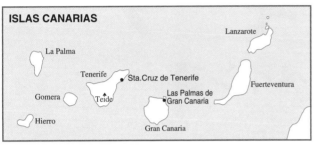

La Palma

Lanzarote

Tenerife
Sta.Cruz de Tenerife

Gomera
Teide

Hierro

Las Palmas de
Gran Canaria

Fuerteventura

Gran Canaria

ESPAÑA

Mar Cantábrico

FRANCIA

Gijón
Santander
Guernica
San Sebastián

La Coruña
Santiago
de Compostela
Lugo
ASTURIAS
Oviedo
CANTABRIA
Bilbao
PAÍS VASCO
Pamplona

ANDORRA

C.Finisterre
GALICIA

Vitoria
NAVARRA
Jaca

Pontevedra
León
Logroño
Huesca

Figueras
Gerona

Vigo
Orense
Astorga
Palencia
Burgos
LA RIOJA
Zaragoza

CATALUÑA
Lérida

Costa Brava

Miño
CASTILLA-LEÓN
Soria
ARAGÓN
Tarragona
Barcelona

Zamora
Valladolid
Duero
Tortosa

Oporto
Medina del Campo
Segovia

Douro
Salamanca
Ávila
Guadalajara
Teruel
Castellón de la Plana

Menorca
Mallorca
Palma

Coimbra
MADRID
Alcalá de Henares
ISLAS BALEARES

PORTUGAL
Talavera de la Reina
Aranjuez
MADRID
Toledo
Cuenca
VALENCIA

Tejo
Valencia

Ibiza

Tejo
EXTREMADURA
Cáceres
CASTILLA-LA MANCHA
Júcar

Formentera

C.da Roca
LISBOA
Mérida
Alcázar de San Juan
Ciudad Real
Albacete

Guadiana
Segura

Évora
Alicante
Elche
Costa Blanca

Guadalquivir
Murcia

Córdoba
Jaén
MURCIA
Mar Mediterráneo

Cartagena

Huelva
ANDALUCÍA
Granada
Mulhacén
Almería

Sevilla

Málaga

Cádiz
Costa del Sol

Algeciras
Gibraltar
Estrecho de Gibraltar
Ceuta

Océano Atlántico
ARGELIA

Melilla

MARRUECOS

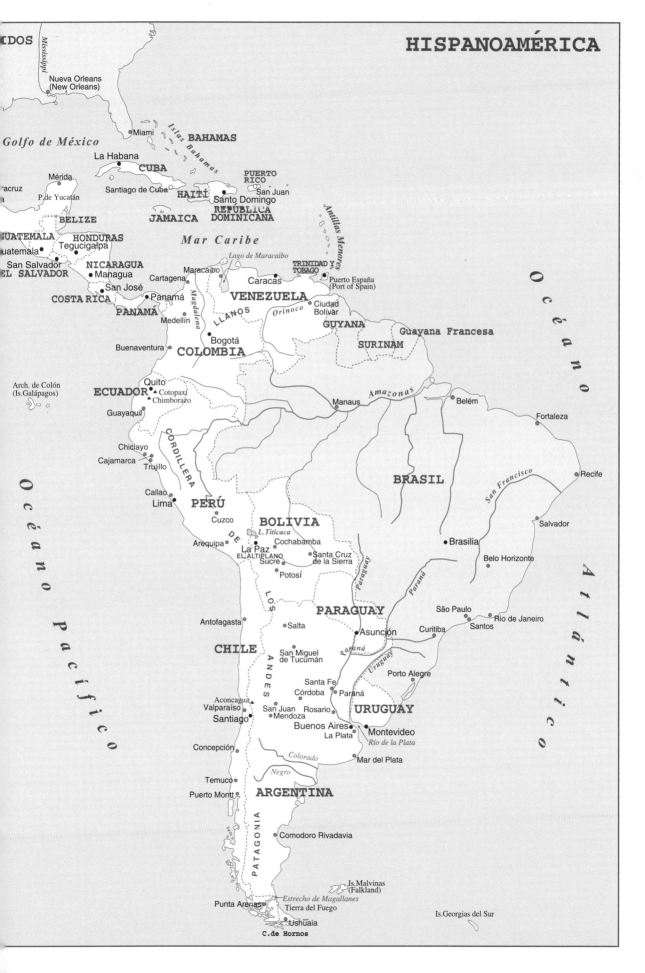

HISPANOAMÉRICA

はじめに

スペイン語はスペインだけでなく、ラテンアメリカの大部分の国と赤道ギニアで公用語として使われている広域言語です。他にも米国やフィリピンに多くの話者がいます。世界のかなりの地域にアクセスできることがスペイン語の大きな魅力です。

本書の使い方

このテキストは、文法事項の理解と習得に力点を置いた、週一回の授業に最も適しています。各章の**構成**ですが：①Gramática（各章2ページ）には、文法の説明と例文、その場で基本を理解できたか確認するための簡単な問題「やってみよう」があり、②次のEjercicios（各章1ページ）では、標準的な練習問題（作文を含む）によって、しっかり運用してみるようになっています。③各章の最後の1ページは、その章で学んだ文法事項を用いた易しいスキット (Diálogo) と、文法事項を定着させるための口頭練習 (Actividades)、そしてリスニング (Escucha) で構成されています。この最後のページは着脱可能な拡張部分です。

本書の**特色**は、1）ネイティブの先生にも使いやすいよう、文法事項と練習問題の指示文などを二言語表記としたこと、2）文法を体系的に学びつつ、ダイアログ、口頭練習、リスニングの練習もできること、3）従来の教科書がターゲットとして来なかった理系の学生へ、語彙やシチュエーションの面で配慮したこと、4）スペインのスペイン語の用法を軸にしていること、5）補足の練習問題（7章と15章の後）が計4ページあること、6）巻末に、既出の語彙リストがあること、です。

本書は、『アラメダ—まるごと学ぶスペイン語』（2013年、朝日出版社）を出発点としながら、ボリューム（語彙とページ数）を減らし、スペインのスペイン語の用法を基本とした、全く新しい教科書として執筆されました。

本書の執筆に当たっては、国際基督教大学のDaniel Quintero先生、早稲田大学のPatricia Belén Takayama先生、Piedad García先生に様々な助言を頂きました。この場を借りて謝意を表します。てきぱきと仕事を進めてくださった朝日出版社の山中亮子様と山田敏之様、吹込みをして下さったYolanda Fernández先生、Miguel Angel Ibáñez先生、Daniel Quintero先生、デザインを担当して下さったメディアアート様には大変お世話になりました。教科書が、日常の授業を踏まえて作成されるものである以上、私どもの授業でスペイン語を学んできた学生さんや先生方あってこその教科書です。お名前を挙げることはできませんが、様々な具体的な、或いは全体的なご意見を下さいましたスペイン語の先生方にも大変感謝しています。

改訂にあたって

このたび『エスピギーター実りのスペイン語』（2017年、朝日出版社）の改訂版を上梓することができ、大変嬉しく思っています。練習問題などを一新し、より学びやすくするよう例文や文言を調整しました。本書がこれからもスペイン語の学習に、少しでも役立てば幸いです。

著者より
2021年8月

ÍNDICE

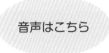
音声はこちら

https://text.asahipress.com/free/spanish/espiguitanueva/index.html

白 blanco　黒 negro　赤 rojo　黄 amarillo　青 azul　緑 verde　茶 marrón　グレー gris　ピンク rosa　紫 violeta　オレンジ naranja　金 dorado

Lección 1

Gramática 1

1 アルファベット　Alfabeto español　　002

A	a	[a]	Ñ	ñ	[éɳe]
B	b	[be]	O	o	[o]
C	c	[θe]	P	p	[pe]
D	d	[de]	Q	q	[ku]
E	e	[e]	R	r	[ére]
F	f	[éfe]	S	s	[ése]
G	g	[xe]	T	t	[te]
H	h	[átʃe]	U	u	[u]
I	i	[i]	V	v	[úbe]
J	j	[xóta]	W	w	[úbe doble]
K	k	[ka]	X	x	[ékis]
L	l	[éle]	Y	y	[je] ([i grjéga])
M	m	[éme]	Z	z	[θéta]
N	n	[éne]			

*ch, ll, rrは1994年にスペイン語のアルファベットから削除されたが、一つの子音として捉えられ、chは[tʃe]、llは[éʎe]、rは巻き舌[r̃]で発音される。

2 母音　Vocales　　003

1. 強母音　a/e/o

casa（家）　amigo（友だち）　café（コーヒー）　mesa（机）　ocho（8）

2. 弱母音　i/u

italiano（イタリア人）　viernes（金曜日）　hoy（今日）　universidad（大学）
※単語末のyはiと同じ扱いとなる。
※uは日本語の「う」の発音と比べると、より口をすぼめ、より奥から発音する。

3. 二重母音、三重母音　Diptongo, triptongo

「強母音＋強母音」を除く二つ（又は三つ）の母音の組み合わせを指す。強母音にアクセントが置かれる。弱母音＋弱母音の場合は二つ目の母音にアクセントが置かれる。

puerta	estudiante	aire	euro	triunfo	viuda	Paraguay
弱母音＋強母音		強母音＋弱母音		弱母音＋弱母音		弱母音＋強母音＋弱母音

3 子音 Consonantes

1. 発音がローマ字の発音に似ていてやさしい子音 Consonantes fáciles de pronunciar

b, v	[b]	vino（ワイン）	jabón（石鹸）
ch	[tʃ]	coche（車）	mucho（沢山の）
d	[d]	médico（医者）	mundo（世界）
f	[f]	familia（家族）	profesor（先生）
k	[k]（外来語のみ）	kilómetro（キロメートル）	Tokio（東京）
m	[m]	madre（母）	comer（食べる）
n	[n]	número（数）	avenida（大通り）
ñ	[ŋ]	español（スペイン語）	mañana（朝）
p	[p]	mapa（地図）	padre（父）
s	[s]	semana（週）	lunes（月曜日）
t	[t]	gato（猫）	total（全ての）
w	[w]（外来語のみ）	Washington（ワシントン）	whisky（ウイスキー）
x	[s]（原則としてこれ）	explicar（説明する）	extranjero（外国の）
	[ks]（前後が母音の場合）	taxi（タクシー）	examen（試験）
	[x]（jと同じ）	México (Méjico)（メキシコ）	Don Quixote (Don Quijote)（ドン・キホーテ）

2. 注意を要する子音 Consonantes que requieren atención para pronunciar

c	[k] (ca, co, cu)	casa（家）	coche（車）	cultura（文化）
	[θ] (ci, ce)	centro（中心）		cocina（台所）
	（中南米では [s]）			
g	[g] (ga, go, gu)	gafas（メガネ）	tango（タンゴ）	agua（水）
	(gue, gui)	guerra（戦争）		guitarra（ギター）
	[x] (ge, gi)	ángel（天使）		gigante（巨人）
	[gw] (güe, güi)	bilingüe（バイリンガル）		lingüística（言語学）
h	[-]（常に無音）	ahora（今）		historia（歴史）
j	[x]	hijo（息子）		Japón（日本）
l	[l]	limón（レモン）		lunes（月曜日）
ll	[ʎ]	llamar（呼ぶ）		calle（通り）
q	[k] (que, qui)	parque（公園）		química（化学）
r	[r]	cara（顔）		verde（緑の）
	[r̃]（語頭で巻き舌）	Rusia（ロシア）		rosa（バラ）
rr	[r̃]（巻き舌）	perro（犬）		correo（郵便）
y	[j]	ayer（昨日）		yo（私は）
	[i]（語末で）	muy（とても）		hoy（今日）
z	[θ]（中南米では [s]）	plaza（広場）		azul（青い）

3. 二重子音　Consonantes compuestas

次の子音の組みあわせのときは、二重子音となる。

< b, c, f, g, p > + < l, r >;　< dr, tr > : flor（花）　fruta（フルーツ）　blanco（白い）
hombre（人間）

4 **音節の分け方**　Silabeo
005

1) 二重母音、三重母音は一つの母音として、二重子音は一つの子音として扱う。

2) 強母音と強母音が続くときはそれぞれ別の母音と、アクセント記号の付いた弱母音は強母音と見なす。

3) 母音のある箇所が音節の核となる。

4) 母音は直前の子音とセットで発音する。

ex) a-mi-go,　me-sa,　li-bro,　cul-tu-ra,　pa-ís,　o-a-sis,　cua-tro,　an-ti-guo

5 **アクセントのルール**　Acento
006

1) 最後から2番目の音節（母音で終わる単語＋s, nで終わる単語）

amigo, examen, pintura, banco, italiano, biblioteca, lunes

2) 最後の音節（s, n以外の子音で終わる単語）

papel, universidad, profesor, ciudad

3) 例外：アクセント記号のあるところ

estación, teléfono, lápiz, andén

ラ・マンチャ地方の風車

『ドン・キホーテ』の名場面

マドリッドのシベーレス宮殿

Ejercicios 1

007

1 次の単語を音節に分け、アクセントのある位置に印を付けましょう。

Divide en sílabas y marca el lugar donde recae el acento.

1) grande   2) coche   3) libro   4) universidad

5) azul   6) estación   7) diccionario   8) literatura

9) plaza

008

2 次の固有名詞（地名）を発音し、その場所を地図で確認しましょう。

Lee y busca los siguientes lugares en el mapa.

España	Japón
Inglaterra	Francia
Alemania	Argentina
Guatemala	Honduras
Uruguay	Madrid
Barcelona	Lima
Gibraltar	Valencia
Chile	Brasil
Colombia	Granada
Sevilla	Ecuador

009

3 発音してみましょう。（スペイン語の数） Practica los números (0-10).

0	cero	6	seis
1	uno	7	siete
2	dos	8	ocho
3	tres	9	nueve
4	cuatro	10	diez
5	cinco		

Diálogo 1

1

♪ 010

Paula: ¡Hola! ¿Cómo estás?
Alejandro: Bien, gracias. ¿Y tú?
Paula: Muy bien, gracias.

2

María: Hola, buenos días.
Miguel: Hola, ¿qué tal? ¿Cómo te llamas?
María: Me llamo María. ¿Y tú?
Miguel: Me llamo Miguel. Encantado.
María: Mucho gusto.

Actividades 1

♪ 011

一日の挨拶 Saludos

Buenos días.
Buenas tardes.
Buenas noches.

別れぎわの挨拶 Formas de despedirse

Hasta luego.
Hasta mañana.
Hasta la vista.
Adiós.

Lección 2

Gramática 2

♫ 012 **1 名詞の性** Género de los sustantivos

全ての名詞は文法的な便宜上、生物であれ非生物であれ、男性名詞と女性名詞に分類される。

1．自然の性のある名詞

男性名詞 | padre, hijo, niño, abuelo, profesor, estudiante, hombre

女性名詞 | madre, hija, niña, abuela, profesora, estudiante, mujer

2．自然の性の無い名詞

男性名詞は -o で、女性名詞は -a, -ción, -sión, -dad で終わるものが多い。

男性名詞：libro, vaso, teléfono, sombrero, tren, papel, árbol

女性名詞：casa, música, carta, biblioteca, universidad, estación

➢o/aの分類の例外：男性：mapa, día, programa　女性：mano, foto

➢ 男女同形のもの：estudiante, pianista, futbolista, joven

3．「～人」を意味する名詞

男性形が子音で終わる場合、女性形には -a を付加する。（Lec.3 **4**参照）

español/española, japonés/japonesa, inglés/inglesa, mexicano/mexicana

♫ 013 **2 名詞の数** Número de los sustantivos

単数形と複数形がある。

1) 母音で終わる名詞 + s　　amigo → amigos, estudiante → estudiantes

2) 子音で終わる名詞 + es　　tren → trenes, ciudad → ciudades

※音節が増えるとき、アクセント記号に注意する必要がある。

　　ocasión → ocasiones, joven → jóvenes

♫ 014 **3 冠詞** Artículos

1) **定冠詞**：特定されるもの、既に話題にされたものに用いる。

2) **不定冠詞**：不特定なもの、初めて話題にするものに用いる。

> これを「性数一致」という

それぞれ単数形と複数形、男性形と女性形があり、名詞の性と数に一致させて用いる。

1）定冠詞 Artículos determinados

	単数	複数
男性	**el** libro	**los** libros
女性	**la** casa	**las** casas

2）不定冠詞 Artículos indeterminados

	単数	複数
男性	**un** niño	**unos** niños
女性	**una** niña	**unas** niñas

6

やってみよう

1)（一通の　　　　　）carta　　2)（いくつかの　　　　　）universidades
3)（それらの　　　　　）amigos　4)（その　　　　　）biblioteca

	単数形	複数形
男性形	alt<u>o</u>	alt<u>os</u>
女性形	alt<u>a</u>	alt<u>as</u>

4 形容詞 Adjetivos 015

1) 位置：一般に名詞の後ろに置く。

2) 冠詞と同様に、性、数の区別があり、名詞に性数一致させる。

　hombre alto, hombres altos, mujer alta, mujeres altas

1. **複数形の作り方**：名詞の場合と同じ（母音で終わる単語に -s, 子音で終わる単語に -es を付ける）。

　profesor amable → profesor<u>es</u> amabl<u>es</u>　　libro azul → libro<u>s</u> azul<u>es</u>
　papel blanco → pap<u>eles</u> blanco<u>s</u>　　　　　clase grande → clase<u>s</u> grande<u>s</u>

2. **女性形の作り方**：1) 男性形が -o で終わるものは -o を -a に変える。
　　　　　　　　　　　　2) その他は男性形と同じ形となる。

　amig<u>o</u> simpátic<u>o</u> → amig<u>a</u> simpátic<u>a</u>　　niñ<u>os</u> pequeñ<u>os</u> → niñ<u>as</u> pequeñ<u>as</u>
　amig<u>o</u> inteligent<u>e</u> → amig<u>a</u> inteligent<u>e</u>

　※bueno, malo は名詞の前に置くことが多い。その場合、男性単数形は buen, mal となる。
　　buen amigo

5 数字（11 ～ 39） Números 016

(10	diez)	20	veinte	30	treinta
11	once	21	veintiuno	31	treinta y uno
12	doce	22	veintidós	32	treinta y dos
13	trece	23	veintitrés	33	treinta y tres
14	catorce	24	veinticuatro	34	treinta y cuatro
15	quince	25	veinticinco	35	treinta y cinco
16	dieciséis	26	veintiséis	36	treinta y seis
17	diecisiete	27	veintisiete	37	treinta y siete
18	dieciocho	28	veintiocho	38	treinta y ocho
19	diecinueve	29	veintinueve	39	treinta y nueve

Ejercicios 2

1 次の名詞の意味を調べ、女性形を書きましょう。Escribe el significado y la forma femenina de los siguientes sustantivos.

1) chico　　　　　2) hermano　　　　　3) pintor

4) médico　　　　5) cantante　　　　　6) camarero

2 次の名詞の意味を調べ、定冠詞を付けましょう。Escribe el significado y completa con el artículo determinado.

1) _____ coche　　2) _____ mesa　　3) _____ vasos

4) _____ calles　　5) _____ mano　　6) _____ padres

3 次の名詞の意味を調べ、不定冠詞を付けましょう。Escribe el significado y completa con el artículo indeterminado.

1) _____ niños　　2) _____ puertas　　3) _____ árbol

4) _____ días　　5) _____ edificio　　6) _____ oficinas

4 次の日本語になるように、（　）に適語を入れましょう。Completa las frases.

1) それらの背の高い青年たち → los (　　　　　　　　) (　　　　　　　　　)

2) （ある）大きな都市 → una (　　　　　　　　) (　　　　　　　　)

3) 何人かの感じのいいウェイター → unos (　　　　　　　　) (　　　　　　　　)

4) 一人の賢い女子学生

　　→ (　　　　　　) (　　　　　　　) (　　　　　　　)

5) その白い家

　　→ (　　　　　　) (　　　　　　　) (　　　　　　　)

6) それらの小さなコップ

　　→ (　　　　　　) (　　　　　　　) (　　　　　　　)

7) 一冊の良い本

　　→ (　　　　　　) (　　　　　　　) (　　　　　　　)

Lección 1
Lección 2
Lección 3
Lección 4
Lección 5
Lección 6
Lección 7
Lección 8
Lección 9
Lección 10
Lección 11
Lección 12
Lección 13
Lección 14
Lección 15
補足 1
補足 2
補足資料 Apéndice

Diálogo 2

♪ 017

Camarero: Buenos días.

Julia: Buenos días. Un café con leche y un bocadillo de jamón, por favor.

Camarero: Un café con leche y un bocadillo de jamón, de acuerdo. Muy bien.

Julia: ¿Cuánto es?

Camarero: Siete euros, señorita.

Julia: Vale, aquí tiene.※

Camarero: Gracias.

※ tiene> tener（持つ）

> スペイン語のファーストネームも普通名詞のように、語末が-oが男性、-aが女性のものが多いです。Julio, Julia, Luis, Luisa, Emilio, Emilia, Juan, Juanaなど

Actividades 2 ☎

♪ 018

声に出して言ってみましょう。 Lee las siguientes frases.

1) El teléfono de María es: 924-125-378.

2) El teléfono de Taro es: 918-534-256.

3) El e-mail de Marco es: marc276@esmail.com

4) El e-mail de Isabel es: rwjt17@info.ne.jp

5) El teléfono de emergencias es: 112.

Lección 3

Gramática 3

♫ 019

1 主格人称代名詞 Pronombres personales de sujeto

	単数		複数	
1人称	**yo**	私は	**nosotros/nosotras**	私たちは
2人称	**tú**	君は	**vosotros/vosotras**	君たちは
3人称	**él**	彼は	**ellos**	彼らは
	ella	彼女は	**ellas**	彼女たちは
	usted (Ud., Vd.)	あなたは	**ustedes (Uds., Vds.)**	あなた方は

＊ラテンアメリカではvosotrosを用いず、ustedesを「君たち」の意味でも用いる。

♫ 020

2 ser動詞（～である） Verbo ser

1. 直説法現在形の活用

yo	**soy**	nosotros	**somos**
tú	**eres**	vosotros	**sois**
él	**es**	ellos	**son**

2. ser動詞の用法 「AはBである」

主語 ＋ 動詞（ser）＋ 補語（名詞、形容詞）

1) 主語の属性（職業、国籍など）を示す。

Isabel es española.　　Soy Alejandro.　　Somos estudiantes.

2) 容易に変化しない性格、性質、特徴を示す。

El libro es interesante. Es un libro interesante.

El libro es bueno y bonito.

> **y**：～と
> Carmen y Francisco

3) ser de ～：出身を表わす。

¿De dónde es Isabel? – Es de España. (= Es española.)

♫ 021

3 文の構造：疑問文と否定文 Orden y estructura

1. 肯定文：主語＋動詞、もしくは動詞＋主語

Francisco y yo somos amigos.

2. 疑問文：

1) sí（はい）、no（いいえ）で答える疑問文は疑問符（¿ ?）を付ける（肯定文と文の構造は同じ）。

¿Gaudí es español? – Sí, es español.

2）**疑問詞**で始まる疑問文では、動詞が主語に先行する。

    <quién> ¿Quién es ella? – Es Carmen.

              ¿Quiénes son ellas? – Son Carmen y Laura.

    <dónde> ¿De dónde eres? – Soy de Tokio.

    <qué>   ¿Qué es flamenco? – Es un baile de España.

    <cómo> ¿Cómo es él? – Es simpático.

3．**否定文**：否定語noを動詞の前に置く。

    Daniel no es inglés.

4 **国名と国籍と言語** Países, nacionalidades e idiomas   ♪ 022

		国名	～人(男性)、～(語)	～人（女性）
	日本	Japón	japonés	japonesa
	スペイン	España	español	española
	メキシコ	México	mexicano	mexicana
	中国	China	chino	china
	イギリス	Inglaterra (Gran Bretaña)	inglés	inglesa
	米国	Estados Unidos	estadounidense	estadounidense
	アルゼンチン	Argentina	argentino	argentina
	ペルー	Perú	peruano	peruana

> 男性形が子音で終わる場合も、女性形に-aを追加。

5 **指示語（形容詞、代名詞）** Adjetivos y pronombres demostrativos   ♪ 023

	男性・単数	男性・複数	女性・単数	女性・複数
この	**este**	estos	esta	estas
その	**ese**	esos	esa	esas
あの	**aquel**	aquellos	aquella	aquellas

> 性数一致する

1）指示形容詞：Estos chicos son estudiantes.

                  Aquel edificio es muy alto.

                  Esas universidades son grandes.

2）指示代名詞：Esa casa es nueva, pero esta es antigua.

> 指示代名詞ではアクセント記号を付けることがある
> ésta, ése, aquéllos など

3）指示代名詞（中性）：

    「これは何？」「そのことは～」など、不明なもの、抽象的な内容にのみ用いる。

    ¿Qué es esto? – Es tortilla.

    Eso es muy interesante.

	この	その	あの
中性	esto	eso	aquello

Ejercicios 3

1 次の文章の主語を（　）内のものに変えて、文を書き換えましょう。

Escribe las siguientes frases cambiando el pronombre personal.

1) Este chico es alto. (Estas chicas　　　　　　　　　　　　　)

2) ¿Sois españoles? (¿Ella　　　　　　　　　　　　　 ?)

3) Somos estudiantes. (Yo　　　　　　　　　　　　　)

4) ¿Usted es médico? (¿Tú　　　　　　　　　　　　　 ?)

5) ¿Ustedes son profesores? (¿Vosotras　　　　　　　　 ?)

6) Los chicos son guapos. (La chica　　　　　　　　　　)

2 日本語の意味になるように、適切な指示語を（　）に入れましょう。

Completa las frases con demostrativos.

1) (　　　　　　　　) queso es muy bueno.　このチーズはとても美味しいです。

2) (　　　　　　　　) cámara es de Japón.　そのカメラは日本のものです。

3) ¿Qué es (　　　　　　　) ? – Es un ordenador.　それは何ですか?—パソコンです。

4) (　　　　　　) cuadernos son de (　　　　　　) tiempo.

これらのノートはあの頃のものです。

5) (　　　　　　　　) guitarra es bonita.　そのギターは素敵です。

6) (　　　　　　　　) zapatos son de Francia.　その靴はフランス製です。

7) (　　　　　　　　) casa es muy bonita.　あの家はとてもすてき（きれい）です。

3 次の文をスペイン語にしましょう。 Traduce las siguientes frases al español.

1) 君はどこの出身ですか？—日本です。

[　　　　　　　　　　　　　　　　　　　　　　　　　　　　　　　　　]

2) そのスペインの村 (pueblo) はとても美しい。

[　　　　　　　　　　　　　　　　　　　　　　　　　　　　　　　　　]

3) このセーター (jersey) はペルー製です。

[　　　　　　　　　　　　　　　　　　　　　　　　　　　　　　　　　]

4) あのご家族はバルセロナ出身です。

[　　　　　　　　　　　　　　　　　　　　　　　　　　　　　　　　　]

5) これらの写真はディエゴ (Diego) のです。

[　　　　　　　　　　　　　　　　　　　　　　　　　　　　　　　　　]

6) マルタ (Marta) とは誰ですか？—マリア (María) とフリオ (Julio) の娘さんです。

[　　　　　　　　　　　　　　　　　　　　　　　　　　　　　　　　　]

Diálogo 3

Yukari: Hola, soy Yukari.

Francisco: Hola, soy Francisco. Yukari, ¿de dónde eres?

Yukari: Soy japonesa, de Osaka. ¿Y tú?

Francisco: Soy mexicano, de la Ciudad de México. ¿Eres estudiante?

Yukari: Sí, soy estudiante de esta universidad.

Francisco: Yo también. Soy estudiante de Matemáticas. Mira, es aquel edificio.

Yukari: ¡Qué bonito!※

Francisco: Sí, ¿verdad?

※¡Qué bonito! 「なんて素敵！」
   感嘆文は、¡Qué + 形容詞・副詞！

Actividades 3

1 **身の回りのものについてお互いに質問しましょう。**
   Pregunta a tu compañero sobre los objetos del recuadro.

   Modelo: ¿Qué es aquello? – Es una ventana. Es grande.
   　　　　¿Qué es esto? – Es un lápiz. Es negro.

el lápiz （鉛筆）[黒い]	1)
el bolígrafo （ボールペン）[素敵な]	2)
la goma （消しゴム）[白い]	3)
la ventana （窓）[大きい]	4)
la puerta （ドア）[小さい]	5)
el texto （教科書）[良い]	
el móvil （携帯電話）[青い]	

2 **習った表現を使って自己紹介をしてみましょう。** Haz presentaciones.

 Escucha

025

– Ella (*es*) Isabel. Es (　　　　　　　), es de Madrid.

– ¡Hola!, encantada, soy (　　　　　　) de Matemáticas.

– Esta es la (　　　　　　) de Isabel. Es muy bonita, ¿verdad?

13

Lección 4

Gramática 4

026

1 **estar** 動詞（〜である、にある、いる）　Verbo estar

1．現在形の活用

yo	**estoy**	nosotros	**estamos**
tú	**estás**	vosotros	**estáis**
él	**está**	ellos	**están**

2．estar動詞の用法

1) 一時的な状態、変化しやすい状態を表す。

Ahora estoy ocupado.　　Ellos están cansados.

La sopa ya está fría.

2) 所在を表わす（いる、ある）：特定のものが主語になる（←右ページ**4**参照）。

La señorita está en la oficina.　　La oficina está cerca del Parque del Retiro.

España está en Europa.

> 前置詞de ＋定冠詞 el ＝ del

> **やってみよう**
>
> 1) ¿Dónde (　　　　) tú?　　3) Los profesores (　　　　) ocupados.
>
> 2) Yo (　　　) en casa.　　4) Vosotras (　　　) muy guapas.

027

2 所有形容詞（前置形）（後置形 ⇒ **Lec. 11**）　Adjetivos posesivos

	単数	複数
1人称	**mi(s)**	**nuestro/a(s)**
2人称	**tu(s)**	**vuestro/a(s)**
3人称	**su(s)**	**su(s)**

1) 修飾する名詞と性数一致

2) 名詞の前に置き、冠詞を伴わない

3) 補語として用いることはできない（←後置形参照）

> suは「彼の、彼女の、彼らの、
> あなたの、あなた方の」

Mis amigos están en la estación.

La señora es mi madre.

Tu plan es muy interesante.

> **やってみよう**
>
> Son (彼の　　　　) amigos. (私たちの　　　　　　　) madre está cansada.

3 **hayの用法（〜がある）** Verbo haber
028

1) 構文：語順はhay（動詞haber現在形の特殊形）が「在るもの」に先行する。

Hay ＋ （意味上の）主語（一般名詞のみ。人称代名詞は用いることができない）

2) 不特定のもの （不定冠詞、無冠詞、数量を表わす形容詞を伴う）の存在を表わす。英語のThere is(are)に相当する。

Hay unos niños en la escuela.

Hay muchos coches en la calle.

4 **hayとestarの比較（〜がある）** Verbo hay y estar
029

estar動詞の場合：「所在を表わす用法」では、 特定のもの のみが主語になる。

La plaza está en el centro de la ciudad.

Ahora mi madre está en casa.

> 定冠詞、所有形容詞、
> 指示形容詞を伴う語、固有名詞など

やってみよう

1) No (　　　　　) bancos en la plaza.

2) Sevilla (　　　　　) en España.

3) Mis hermanos (　　　　　) en casa.

4) Aquí (　　　　　) mucha gente.

5 **数字（40 〜 100）** Números (de 40 a 100) (→Lec. 1: 0-10, Lec 2: 11-39)
030

40	cuarenta	50	cincuenta
41	cuarenta y uno	60	sesenta
42	cuarenta y dos	70	setenta
43	cuarenta y tres	80	ochenta
44	cuarenta y cuatro	90	noventa
45	cuarenta y cinco	100	cien (ciento)

⋮

Ejercicios 4

1 （　）内にestar動詞の現在形の活用を入れましょう。Completa con el verbo 'estar'.

1) ¿Cómo (　　　　　　) ustedes? – (　　　　　　) un poco cansados.

2) ¿Dónde (　　　　　) tú? – (　　　　　　) en la casa de mi abuela.

3) Ahora Juan y Ana (　　　　　) en la universidad.

4) Nuestro coche (　　　　　) enfrente del hospital.

5) Federico y yo (　　　　　) muy ocupados con el examen.

6) La tienda (　　　　) llena de gente.

2 日本語の意味になるように、（　）内にser, estar, hayのいずれかを適切な活用で入れましょう。Completa con el verbo 'ser' 'estar' o 'hay'.

1) La biblioteca (　　　　　) al lado del comedor. 図書館は食堂の隣にあります。

2) Tu novio (　　　　) muy amable. 君の彼氏はとても親切です。

3) No (　　　　) ventanas en esta sala. この部屋には窓がありません。

4) ¿Cómo (　　　　　) tu hermana? 君のお姉さんはどんな人？

5) ¿(　　　　) un bar por aquí? このあたりにバルはありますか？

6) Yo (　　　　) mexicana pero ahora (　　　　　) en Tokio.
   私はメキシコ人ですが、今は東京にいます。

7) Mañana (　　　　　) un concierto de jazz.
   明日、ジャズのコンサートがあります。

8) La tortilla todavía (　　　　　) caliente. トルティージャはまだ温かいです。

3 次の文をスペイン語にしましょう。Traduce las siguientes frases al español.

1) このクラスには42名の学生がいます。
   [　　　　　　　　　　　　　　　　　　　　　　　　　　　　　　　　　]

2) マルタ（Marta）は今疲れています。
   [　　　　　　　　　　　　　　　　　　　　　　　　　　　　　　　　　]

3) 君たちの家はその駅から近いですか？
   [　　　　　　　　　　　　　　　　　　　　　　　　　　　　　　　　　]

4) 彼のパソコンはテーブルの上にあります。
   [　　　　　　　　　　　　　　　　　　　　　　　　　　　　　　　　　]

5) 私たちの祖父はとても元気です。
   [　　　　　　　　　　　　　　　　　　　　　　　　　　　　　　　　　]

6) 君の携帯電話はどこにありますか？―私のリュック（mochila）の中にあります。
   [　　　　　　　　　　　　　　　　　　　　　　　　　　　　　　　　　]

Diálogo 4

1

♫ 031

Carlos: Hola, Emilia. ¿Cómo estás?
Emilia: Así, así.
Carlos: ¿Por qué? ¿No estás contenta con tu trabajo en el hospital?
Emilia: Sí, estoy contenta, pero es duro. Siempre estoy cansada.
Carlos: Pues, ¡ánimo!

2

Yukari: Perdona, ¿dónde está el restaurante "Casa Mingo"?
Sr. Gómez: Está cerca de la estación Príncipe Pío. Está en el Paseo de la Florida.
Yukari: Gracias.
Sr. Gómez: De nada.

Actividades 4

地図を見てどこにあるのか教え合いましょう。Viendo el mapa, explica a tus compañeros dónde están los siguientes lugares.

Modelo: ¿Dónde está Correos? – Está enfrente del Parque del Retiro.

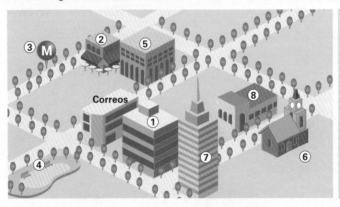

場所の表現
enfrente de ...
al lado de ...
detrás de ...
cerca de ...
lejos de ...
a la derecha de ...
a la izquierda de ...
dentro de ...
debajo de ...

❶ Hotel Cibeles   ❹ Parque del Retiro   ❼ Torre de Telefónica
❷ Cafetería Suecia   ❺ Museo del Flamenco   ❽ Restaurante Alcalá
❸ Metro Retiro   ❻ Iglesia de San José

 Escucha

♫ 032

Hola, (**soy**) Taro. Ahora estoy en la universidad. (   ) universidad es bonita, pero no está cerca de la estación, y no (   ) restaurantes cerca. (   ) amigos ahora (   ) en la tienda de la universidad. Hay mucha gente en (   ) tienda.

Lección 5

Gramática 5

033

1 直説法現在形・規則動詞 (-ar, -er, -ir)　Verbos regulares: presente de indicativo

動詞の不定詞（原形）の語尾（活用語尾と呼ぶ）は -ar,-er,-ir の3種類。

1. 動詞の活用

語幹（語根）＋活用語尾
habl   **-ar**

hablar（ar動詞）話す

yo	habl**o**	nosotros	habl**amos**
tú	habl**as**	vosotros	habl**áis**
él	habl**a**	ellos	habl**an**

(tomar, visitar, estudiar, trabajar, comprar, viajar, invitar, llamar, llegar)

comer（er動詞）食べる

yo	com**o**	nosotros	com**emos**
tú	com**es**	vosotros	com**éis**
él	com**e**	ellos	com**en**

(beber, leer, vender, aprender, creer)

vivir（ir動詞）住む、生きる

yo	viv**o**	nosotros	viv**imos**
tú	viv**es**	vosotros	viv**ís**
él	viv**e**	ellos	viv**en**

(escribir, abrir, recibir)

2. 現在形の用法

1) 現在の事柄

Ahora Pilar vive en Sevilla.

¿Cuántas horas al día estudias?

Normalmente comemos en casa.

Escribo un e-mail hoy.

2) 確実性の高い未来の事柄

Este viernes compro el diccionario.

Rosa e Isabel viajan a España y visitan a sus amigos.

> 間接目的語だけでなく、直接目的語
> が人の場合は、前置詞 "a" が必要

> "i" の音の前の "y" は "e" に変化
> padre e hijo

やってみよう

1) Paula y yo (trabajar　　　　　　　) en una cafetería.

2) En el tren, yo (leer　　　　　　) libros.

3) Hoy no (abrir　　　　　) los bancos.

2 日付の表現　Expresiones de fechas
034

1. ¿Qué día (de la semana) es hoy? – Hoy es miércoles.
   今日は何曜日ですか？―水曜日です。

domingo	lunes	martes	miércoles	jueves	viernes	sábado
日曜日	月曜日	火曜日	水曜日	木曜日	金曜日	土曜日

2. ¿Qué fecha es hoy? – Hoy es quince de junio. / Estamos a dos de mayo.
   今日は何日ですか？―今日は6月15日です。/今日は5月2日です。

> 月の名前
> ① enero　② febrero　③ marzo　　④ abril　　⑤ mayo　　⑥ junio
> ⑦ julio　⑧ agosto　⑨ septiembre　⑩ octubre　⑪ noviembre　⑫ diciembre

3 時間の表現　La hora
035

1. 今の時間を尋ねる

   ¿Qué hora es?　　Es la una. /Son las dos.

   Son las tres y media.

   Son las nueve y cuarto. / Son las nueve menos cuarto.

   Son las seis de la mañana.

2. 何時に～する

   ¿A qué hora + 動詞 + 主語？

   ¿A qué hora comes normalmente?　Como normalmente a la una y media.

   ¿A qué hora llegas al hospital?　Llego a las siete u ocho.

   > 前置詞a＋定冠詞 el ＝ al

   > "o"の音の前では"o"が"u"へ
   > flor o hoja→flor u hoja

> **やってみよう**
> 1) ¿A qué hora comes? – Como (　　　) (　　　) (2時　　　).
> 2) ¿Qué hora es? – Son las (10時45分　　　　menos　　　).

19

Ejercicios 5

1 （　）内の動詞を現在形に活用させましょう。Conjuga los verbos en tiempo presente.

1) Yo (creer　　　　　) que aquel autobús (llegar　　　　　) a la universidad.

2) Nosotros (vivir　　　　　) en este piso.

3) ¿(Hablar　　　　　) tú español? – Sí, (hablar　　　　　) un poco de español.

4) Mis estudiantes españoles (viajar　　　　　) por Japón este agosto.

5) Nosotros (desayunar　　　　　) a las siete, (comer　　　　　) a las dos y media y (cenar　　　　　) a las nueve.

6) ¿Qué (estudiar　　　　　) tú? – (Estudiar　　　　　) Ingeniería.

7) Esta ventana no (abrir　　　　　).

8) Ella (aprender　　　　　) flamenco en una academia.

2 日本語の文になるように（　）内に動詞を入れ、正しく活用させましょう。

Completa las frases con la palábra adecuada.

1) Nosotros (　　　　　) un café en la cafetería.
私たちはそのカフェテリアでコーヒーを飲みます。

2) ¿Qué novela (　　　　　) tú?　どの小説を読んでいるの？

3) Yo (　　　　　) mi diario todos los días.
私は毎日、日記を書きます。

4) Mi vecino (　　　　　) artesanías peruanas en una tienda bonita.
私の近所の方はかわいいお店でペルーの工芸品を売っています。

5) ¿Cuántas horas (　　　　　) vosotros a la semana?
君たちは週に何時間働いていますか？

3 次の文をスペイン語にしましょう。Traduce las frases al español.

1) 今、何時ですか？—11時45分です。
[　　　　　　　　　　　　　　　　　　　　　　　　　　　　　]

2) 君たちは水曜日にお店を開けますか？
[　　　　　　　　　　　　　　　　　　　　　　　　　　　　　]

3) 私の家族は11時にその電車で到着すると思います。
[　　　　　　　　　　　　　　　　　　　　　　　　　　　　　]

4) 毎年、多くの歌手がそのフェスティバルで歌います。
[　　　　　　　　　　　　　　　　　　　　　　　　　　　　　]

5) 私たちは花を買い、1時に私たちの友人を訪問します。
[　　　　　　　　　　　　　　　　　　　　　　　　　　　　　]

6) カルロス（Carlos）は祖父母からの誕生日カード（tarjeta de cumpleaños）を受けとります。
[　　　　　　　　　　　　　　　　　　　　　　　　　　　　　]

Diálogo 5

Mario: Oye, Haruka, ¿estudias o trabajas?

Haruka: Estudio en la universidad.

Mario: ¡Qué bien! Y, ¿qué estudias?

Haruka: Estudio Arquitectura. También aprendemos inglés y español. Mario, ¿hablas inglés?

Mario: Sí, hablo español e inglés. Ahora mi padre vive en San Francisco. Por eso estudio mucho inglés, y viajo a Estados Unidos en las vacaciones de verano.

Haruka: ¡Qué envidia!

036

Actividades 5

友達と会話してみましょう。Pregunta a tu compañero.

1) ¿Hablas inglés? _____

2) ¿Dónde vives? _____

3) ¿A qué hora comes normalmente? _____

4) ¿Trabajas o estudias? _____

5) ¿Tus padres viajan mucho? _____

6) ¿Qué estudias? _____

Literatura （文学）
Historia （歴史学）
Derecho （法学）
Administración （経営学）
Matemáticas （数学）
Arquitectura （建築学）
Ingeniería （工学）
Química （化学）
Biología （生物学）

 Escucha

037

(Normalmente), los turistas en Madrid (　　　　　　) la oficina de turismo.
Carmen (　　　　　) en esa oficina porque (　　　　　) inglés, español y
francés. Ella vive en el (　　　　　) de Madrid.

Lección 1
Lección 2
Lección 3
Lección 4
Lección 5
Lección 6
Lección 7
Lección 8
Lección 9
Lección 10
Lección 11
Lección 12
Lección 13
Lección 14
Lección 15
補足 1
補足 2
補足資料 Apéndice

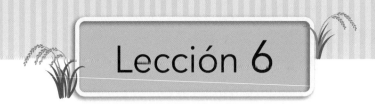

Lección 6

Gramática 6

1 現在形不規則動詞1（語幹母音変化） (1) Verbos irregulares con cambio vocálico

038

語幹（語根）の本来アクセントがあるべき母音が、1，2人称複数形を除いて変化するパターン。

1. e→ie型 (querer, pensar, entender, empezar, cerrar)

querer (e→ie)	
quiero	queremos
quieres	queréis
quiere	quieren

querer の用法

1) querer + 物：～がほしい

 ¿Quieres café o té? – Sí, quiero un café, gracias.

2) querer + 不定詞：～したい Él quiere trabajar aquí.

3) querer a + 人：～が好きである Queremos a la abuela.

Pienso que ella es de Barcelona.

Entiendo muy bien al profesor.

La clase empieza a las nueve.

> 英語のcanにあたる助動詞的な動詞

2. o→ue型（poder, volver, costar, dormir）

poder (o→ue)	
puedo	podemos
puedes	podéis
puede	pueden

poder の用法

1) poder + 不定詞：～できる

 Puedo volver a casa a las seis.

2) ¿poder +不定詞？：～してくれますか？（依頼）

 ¿Puedes cerrar la puerta?

3) ¿poder +不定詞？：～してもいいですか？（許可）

 ¿Puedo entrar?

El viaje cuesta setenta euros.

¿Vuelves aquí por la tarde?

 No duermo bien en el avión.

3. e→i型（seguir, pedir, repetir）-ir動詞のみ

seguir (e→i型)	
sigo	seguimos
sigues	seguís
sigue	siguen

> seguirの1人称 → sigo (x siguo)

Esta calle sigue a la Plaza de España.

El profesor repite la pregunta.

Pido una cerveza.

4. u→ue型 (**jugar**)

ju<u>gar</u>（= play）: ju<u>e</u>go, ju<u>e</u>gas, ju<u>e</u>ga, jugamos, jugáis, ju<u>e</u>gan

jugar a ~ : ～のスポーツをする、～のゲームをする

Francisco y Carlos juegan al tenis hoy.

やってみよう

1) Yo (querer   ) comer pescado.

2) ¿Qué (querer, tú   ) hacer hoy?

3) ¿(Poder, Ud.   ) abrir la ventana, por favor?

② 直接目的格人称代名詞（を格）Pronombres personales de objeto directo

039

主格	を格	主格	を格
yo	**me**	nosotros	**nos**
tú	**te**	vosotros	**os**
él	**lo**	ellos	**los**
ella	**la**	ellas	**las**
usted		ustedes	

1) 位置：活用している動詞の直前（最優先される）。

 ¿Lo escribes tú? – Sí, lo escribo yo.

2) 3人称では人と物の区別はせず、性・数で区別する。

 Isabel llega tarde, pero la esperamos.

 Él compra muchos libros, pero no los lee.

3) 不定詞の目的語の場合は目的格人称代名詞を不定詞に結合させることもできる。

¿Visitamos el museo hoy? – Sí, quiero visitarlo hoy.

やってみよう

1) ¿ (私を) invitas al restaurante? – Sí, (君を) invito.

2) Quiero visitar a mi abuela, pero no (彼女を) puedo visitar esta semana.

3) Queremos comprar el libro, porque (それを) queremos leer.

③ muy (= very) と mucho (= much, many)

040

muy: 副詞として（形容詞や副詞を修飾） Es muy grande. Llegamos muy tarde.

mucho: 1) 副詞として Cenamos mucho hoy.

    2) 形容詞として Hay mucha gente en la plaza.

接続詞 (1) conjunciones

y = ～と   o = または

pero = しかし   porque = なぜなら

Lección 1
Lección 2
Lección 3
Lección 4
Lección 5
Lección 6
Lección 7
Lección 8
Lección 9
Lección 10
Lección 11
Lección 12
Lección 13
Lección 14
Lección 15
補足 1
補足 2
補足資料 Apéndice

Ejercicios 6

1 ( ) 内の動詞を現在形に活用させましょう。Conjuga los verbos en presente.

1) Ellos no (poder   ) trabajar mañana.

2) Normalmente Nuria (pedir   ) un café con leche en la cafetería.

3) Antonio, ¿qué (pensar   ) hacer este fin de semana?

   – (Querer   ) tocar el piano.

4) Vosotros me (entender   ), ¿no?

5) Los niños (querer   ) jugar a los videojuegos ahora.

6) Mi padre (volver   ) a Tokio el martes.

7) Juan y su amigo (seguir   ) al guía.

8) ¿A qué hora (empezar   ) la película?

   – (Empezar   ) a las dos y media.

2 問1の文の主語を以下のように変えて文を書き換えましょう。

Escribe las frases del ejercicio 1 cambiando el sujeto.

1) Ella   2) Mi amiga y yo   3) Tu novia   4) Tú

5) Nosotros   6) Mis padres   7) Yo   8) Las clases

3 下線部を代名詞に変えて文を書き換えましょう。

Cambia las siguientes frases utilizando pronombres.

1) Ellos no entienden al profesor.   → _____

2) Compro esta bicicleta porque es barata. → _____

3) ¿Queréis comer estas manzanas?   → _____

4) Cerramos la puerta con llave.   → _____

5) Él quiere a sus hijos.   → _____

4 次の文をスペイン語にしましょう。 Traduce las frases al español.

1) 私たちはギターを習いたいです。

   [   ]

2) 図書館は9時に開き、10時半に閉まります。

   [   ]

3) 彼らは毎日8時間寝ます。

   [   ]

4) この椅子を使って（usar＝使う）もいいですか？—はい、使ってもいいですよ。

   [   ]

5) あなた方はどこに旅行したいですか？—ペルーに旅行したいです。

   [   ]

6) このTシャツ（camiseta）はいくらですか？

   [   ]

Diálogo 6

041

Pedro: Sayaka, ¿quieres cenar con nosotros esta noche? Mario y yo queremos comer *sushi*, y hay un restaurante muy bueno en Moncloa.

Sayaka: Gracias por invitarme, pero no puedo.

Pedro: ¿Por qué?

Sayaka: Es que mañana hay un examen de...

Pedro: ¡Ah, sí! Sayaka, ¿me puedes ayudar?

Sayaka: Si quieres, podemos estudiar juntos ahora.

Pedro: ¡Estupendo! Gracias, Sayaka.

Actividades 6

カードの言葉を使って将来の願望について聞いてみましょう。

Conversa con tus compañeros sobre qué queréis hacer en el futuro.

Modelo: ¿Qué quieres comprar en el futuro? – Quiero comprar un coche.

¿Dónde? ¿Qué?	trabajar vivir comprar	en una empresa japonesa en una universidad en un laboratorio en el extranjero en el campo en Tokio en Japón una casa un coche un piso (apartamento)

042

Hola, ¿cómo (**estás**)? (   ) muy bien. Yuka, vives en Kioto, ¿no?
(   ) estoy en Tokio, y en julio, (   ) visitar Kioto con mis amigos.
(   ) que Kioto es una ciudad muy bonita. ¿Por qué no (   ) juntas
un día? Quiero comer comida (   ) en Kioto.

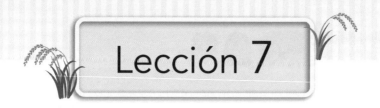

Lección 7

Gramática 7

♪ 043

1 現在形不規則動詞2（1人称単数が不規則なもの）(2) Verbos irregulares con cambio en la primera persona

1. 活用形

hacer 作る、 ～する	salir 出発する、 出かける	poner 置く、(テレビ などを)つける	ver 見る、会う	conocer 知る	saber 知る	dar 与える
hago	**salgo**	**pongo**	**veo**	**conozco**	**sé**	**doy**
haces	sales	pones	ves	conoces	sabes	das
hace	sale	pone	ve	conoce	sabe	da
hacemos	salimos	ponemos	vemos	conocemos	sabemos	damos
hacéis	salís	ponéis	veis	conocéis	sabéis	dais
hacen	salen	ponen	ven	conocen	saben	dan

¿Qué haces hoy? – Hago mi tarea. Mañana salimos de casa temprano.

Ponemos la televisión y vemos una película. No veo al profesor esta semana.

2. Conocer と Saber

conocer: （経験的に）知る、面識を得る

Conozco a los padres de Javier.

Todavía no conozco Barcelona. Quiero conocerla.

saber: （知識、技能として）知る、体得している、～できる（saber +不定詞）

¿Sabes el número de teléfono de Mario? – No, no lo sé.

Ella sabe tocar el piano.

♪ 044

2 不規則動詞3・複合型 (3) Verbos irregulares (tener, decir, venir)

1. tener の用法

1) 持つ

Tengo dos hermanos. No tengo dinero ahora.

2) 名詞を伴う慣用表現として

tener + calor (frío / hambre / sed / sueño / ~años)

¿Tienes hambre? – Sí, tengo mucha hambre.

¿Cuántos años tienes? – Tengo dieciocho años.

3) tener que ＋不定詞 ＝～しなければならない

（cf. have to ~）

Tenemos que trabajar por la mañana.

tener	decir	venir
tengo	digo	vengo
tienes	dices	vienes
tiene	dice	viene
tenemos	decimos	venimos
tenéis	decís	venís
tienen	dicen	vienen

2. decir ＝ 言う

Los niños dicen adiós al profesor.

La señora dice que su hijo ahora estudia en Osaka.

3. venir ＝ 来る

Ese señor viene a la cafetería todos los días.

3 不規則動詞4：その他　(4) Verbos irregulares (ir)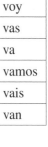

045

ir の用法

1) ir a ～ （場所）：～に行く

No voy a la universidad los sábados.

2) ir a ＋不定詞 ：～するつもりである（予定、未来）(cf. be going to ~)

Voy a ir a Salamanca en julio.

Carmen va a estar en Japón en Navidad.

　※中南米では未来形（→補足1）の代替としてよく使われる。

3) vamos a ＋ 不定詞 ：～しよう（勧誘）(cf. Let's ~)

¡Vamos a tomar un café!

ir
voy
vas
va
vamos
vais
van

4 間接目的格人称代名詞（に格）　Pronombres personales de objeto indirecto

046

1.　位置と語順：

1) 活用する動詞の直前に置く。

Te compro un helado.

2) 直接目的語も伴うとき → に格＋を格

¿Me compras el helado? – Sí, te lo compro.

3) 不定詞に目的格人称代名詞を結合することも可能。

Voy a decírtelo. (= Te lo voy a decir.)

主格	に格	主格	に格
yo	**me**	nosotros	**nos**
tú	**te**	vosotros	**os**
él	**le**	ellos	**les**
ella	**(se)**	ellas	**(se)**
usted		ustedes	

2.　「に格」と「を格」が共に３人称のとき

le(s) がseになる

| le(s) → **se** | ＋ | lo(s) la(s) |

Escribo un mensaje a mi amiga mexicana. → Se lo escribo.

Voy a decir a mi madre la verdad. → Voy a decírsela.

やってみよう

Ella me (decir 　　　) que (ir 　　　) a ir al supermercado

porque (tener 　　　) que comprar arroz.

Ejercicios 7

1 ( ) 内の動詞を活用させましょう。 Conjuga los verbos en tiempo presente.

1) ¿Qué (hacer   ) tú los sábados? – Normalmente (salir   ) y (ver   ) a mis amigos.

2) Yo siempre (poner   ) la llave en aquella mesa.

3) Ahora (yo) te (decir   ) tu número de reserva. ¿Quieres apuntarlo?

4) ¿Conoces Estados Unidos? – Sí, (conocer   ) San Francisco y Los Ángeles.

5) Yo (venir   ) aquí todos los días.

6) ¿Cuántos años (tener   ) Alejandro? – Perdón, no lo (saber   ).

2 代名詞を使って次の問いに答えましょう。 Contesta las preguntas usando los pronombres de objeto directo/indirecto.

1) ¿Me escribes un e-mail esta noche? – Sí,

2) ¿Me da su número de pasaporte? – Sí, ahora mismo,

3) ¿Puedes enseñarnos una canción española? – Claro,

4) ¿Ricardo te vende su coche? – No,

5) ¿Vas a comprarme una flor? – Sí,

3 ( ) に動詞tenerまたは ir を現在形に活用させて入れましょう。 Completa las frases con "tener" o "ir".

1) Yo (   ) veinte años.

2) ¿A dónde (   )? – (   ) al baño. Ahora mismo vengo.

3) Nosotros (   ) que pagar la fiesta.

4) Margarita y su hermana (   ) a bailar en el evento.

5) ¿Tú (   ) hambre? (Yo) (   ) a preparar la comida.

4 次の文をスペイン語にしましょう。 Traduce las frases al español.

1) 彼と私は今度の日曜日にサッカーをする予定です。

[   ]

2) 君は何歳ですか？—私は19歳です。

[   ]

3) 君は泳げますか？—いいえ、でも私は泳ぎを習う予定です。

[   ]

4) 私は明日、郵便局 (Correos) に行かなければなりません。

[   ]

5) このレストランで夕食を食べようよ。

[   ]

6) このクラスの学生は10時半に来なければなりません。

[   ]

Diálogo 7

Pedro: Keiko, ¿qué vas a hacer este sábado?

Keiko: Pues... tengo que estudiar, limpiar mi cuarto, lavar la ropa...

Pedro: Venga, Keiko, ¿por qué no vamos a la fiesta de mi amigo José? Es su cumpleaños.

Keiko: Pero yo no conozco a José.

Pedro: Si vao, puedes conocerlo.

Keiko: ¡Estupendo! ¿Le compramos un regalo juntos?

Pedro: Muy bien. Vamos a comprárselo esta tarde.

Actividades 7

モニカの予定を教え合いましょう。空欄の情報を相手に聞きましょう。Pregunta a tu compañero las actividades de Mónica.

Modelo: ¿Qué va a hacer Mónica a las nueve? – Va a estudiar español.

Plan de Mónica (Estudiante A)	
7:30	( )
8:00	salir de casa
9:00	estudiar español
11:30	( )
12:30	( )
14:00	estudiar en la biblioteca
16:00	( )
18:00	cenar
19:00	( )

Plan de Mónica (Estudiante B)	
7:30	desayunar
8:00	( )
9:00	( )
11:30	ver al profesor
12:30	comer con sus amigos
14:00	( )
16:00	jugar al baloncesto
18:00	( )
19:00	trabajar en una librería

 Escucha

Hola, (soy) Laura. Esta mañana ( ) de casa temprano porque ( ) que estar en la estación a las ( ). ( ) a viajar a Valencia con mis amigos para ( ) las Fallas. También vamos a comer ( ), porque es un plato típico de ( ).

Lección 7までを復習しよう！

Lección 2

以下を参考にして友達に渡す自分の連絡先を用意して、言ってみましょう。

Nombre: Mikel   Apellidos: Solana Muñoz
Teléfono: 090-531-9278
Correo electrónico: miksolam@pmail.com

@はスペイン語では「アローバ(arroba)」と呼ばれます。メールアドレスで用いる記号として世界的に普及する前は「～あたり」の意などで細々と使われてきましたが、実は少なくとも1500年代にまで遡ることができる、古くからある記号です。最古の@については、船の積み荷の単位である1アンフォラの意味でイタリアで使われ始めたとする説と、スペインでの農作物の重さ（約10キロ強）の単位である1アローバとして出現したという説が有力ですがどちらが正しいかわかっていません。現在のスペイン語では、名詞の語末o/aを兼ねる表現として、amig@sのように使われたりします。

Lección 3

今まで習った表現や人物を表現することばを使って、友人を他の友人に紹介してみましょう。（背が高い = alto, 背が低い = bajo, 頭がいい = inteligente, 親切な = amable, 気さくな = simpático, 陽気な = alegre, かっこいい、美人な = guapo, 痩せた = delgado, 太った = gordo,　肌が浅黒い = moreno）

外見に関する形容は使用に注意が必要なことがあります。

Lección 4

（　　）に所有形容詞を適切な形にして入れましょう。

1. (君の　　　　　　　) padres están aquí.
2. Sara y Luis son hermanos y (彼らの　　　　　) casa es esta.
3. (君たちの　　　　　　) profesora es inglesa.
4. Antonio es (私の　　　　　　) amigo y esta es (彼の　　　　) mesa.
5. Señor, ¿esa no es (あなたの　　　　) llave?
6. (彼女の　　　　　) hermanos son médicos.
7. Este es (私たちの　　　　) coche.

30

Lección 5

（　　　）内の動詞を適切な現在形の形にしましょう。

1. Los profesores (escribir　　　　　) mucho.
2. Nosotros (creer　　　　) que esta universidad es bonita.
3. ¿(Tomar　　　　　) vosotros café?
4. Ellos (vender　　　　) churros.
5. El tren (llegar　　　　　) a Osaka a las doce y media.
6. En julio y agosto nosotros no (trabajar　　　　　).
7. Silvia (leer　　　　) e-mail solo en casa.

次の問いに答えましょう。

1. ¿Qué hora es? _____
2. ¿Qué fecha es hoy? _____
3. ¿Qué día de la semana es hoy? _____
4. ¿A qué hora llegas a la universidad los lunes? _____
5. ¿Cuántas horas a la semana estudias español? _____
6. ¿Visitas mucho los museos? _____

Lección 6

スペイン語に訳しましょう。

1. それを書いて頂けますか？

_____

2. 私はこれを食べてもいいですか？

_____

問いに答えましょう。

1. ¿Qué quieres beber ahora? _____
2. ¿Cuánto cuesta una rosa en Japón? _____

Lección 7

スペイン語に訳しましょう。

1. 君は明日、家にいなければいけません。 _____
2. 今日の午後、スペイン料理店に行きましょう！ _____
3. 私は今日、食事を用意しなければならないです。

_____

4. 私は君に今日の夜、メールを書きます。

_____

ESPAÑA

❶ ガリシア州（Galicia）
雨が多くて緑豊かな地方。ポルトガル語に似て響きが柔らかいガリシア語は詩的だと言われる。リアス(rías)式海岸が続く海岸部はスペイン人が好む避暑地で、海産物が豊富。

❹ バスク州・ナバーラ州（País Vasco, Navarra）
孤立言語のバスク語を守り、独自の文化を育んできたが、重工業や金融業が発達した豊かな地域。Bilbaoは近年ウォーターフロント地区の開発により、グッゲンハイム美術館をランドマークとする未来都市に生まれ変った。パンプローナは牛追い祭りで、サン・セバスティアンは美しい湾とグルメの町として知られる。

セブレイロ (O Cebreiro)
絵のように美しい伝統家屋が残る峠町。

❷ サンティアゴ・デ・コンポステーラ（Santiago de Compostela）
聖ヤコブ伝説に基づき多くの巡礼者が目指す目的地。

❸ カンタブリア州・アストゥリアス州（Cantabria, Asturias）
スペイン中央とは山脈で遮断され、イスラム化しなかった地方。国内有数の鉱山を擁したことから金融業や造船業が発達した。シードル（sidraリンゴ酒）や豆の煮込み料理fabadaが名物。

❺ カスティーリャ地方(Castilla-La Mancha, Castilla y León)
「カステラ」の語源たるカスティーリャ。ひまわり畑や麦畑が見渡す限り広がる乾燥した台地で羊飼いの姿も。ドン・キホーテでおなじみのラ・マンチャの風車はスペインの典型的な風景の一つ。暖炉の火を用いた素焼きの壺の煮込み料理cocidoやセゴビアの子豚の丸焼き、ニンニクスープなどが有名。

Océano Atlántico

Santander

❷ Santiago de Compostela

❸ Asturias Oviedo

Cantabria

❹ País

❶ Galicia

O Cebreiro

Castilla y León

Salamanca

Segovia

❺

❻ Madrid

Madrid

Toledo

Portugal

Lisboa

Extremadura

Mérida

Castilla-La M

Córdoba

Sevilla

Granada

❼ Andalucía

⓭ Islas Canarias

La Palma

Tenerife

Sta.Cruz de Tenerife

Lanzarote

Fuerteventura

Gomera

Hierro

Las Palmas de Gran Canaria

Gran Canaria

Ceuta

⓬

⓬ セウタ (Ceuta)
モロッコに残されたスペインの飛び地。

⓭ カナリア諸島 (Islas Canarias)
ラス・パルマス(Las Palmas)はスペインで5番目に大きな都市で、マグロの遠洋漁業の拠点として、遥か昔はアメリカとの交易の中継地として栄えた。アフリカ沖の大西洋にあり、南国の気候と海が観光客を引き付けている。

❻マドリッド（Madrid）

王宮やプラド美術館を始めとする数多くの美術館や劇場を擁するマドリッドのヘソはPuerta del Sol。ここからグランビア大通り界隈はいつも賑わっている。

❾カタルーニャ州 (Cataluña)

地中海世界と南仏と結びついて発展。中世に遡るカタルーニャ自治の伝統やカタルーニャ語の存在は近年のカタルーニャ文化の活力になっている。魚介類の他、グリルした夏野菜の料理escalivadaやpan con tomateなどが有名。

Bilbao
San Sebastián
Francia
Vasco
Pamplona
Andorra
toria
Navarra
Rioja
Zaragoza
❾ Cataluña
Aragón
❿ Barcelona

❽ Valencia
⓫ Islas Baleares
Menorca
Mancha
Mallorca
Valencia
Palma
Ibiza

Murcia
Mar
Mediterráneo
Murcia

❿バルセロナ（Barcelona）

ガウディ (Gaudí) らのカタルーニャ・ルネッサンスが開花したスペイン第二の都市。

⓫バレアス諸島（Islas Baleares）

ヨーロッパ人の憧れの地中海リゾート。ショパンが滞在したことでも知られている。

❽バレンシア州 (Valencia)

柑橘類で有名。米の産地としてpaellaの本場でもある。海鮮パエリアが一番人気だがバレンシアのものにはウサギ肉が入っている。

❼アンダルシア州 (Andalucía)

沿岸部は古来からフェニキアやローマといった地中海文明に組み込まれた先進地域だった。中世イスラム文化が残したアルハンブラ宮殿や地中海様式の白い町が旅行者を魅了している。トマト味の冷製スープgazpachoは暑いアンダルシア地方ならでは。オリーブやコルク、野菜や果物を輸出。

33

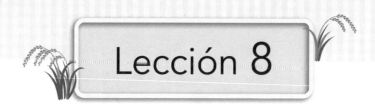

Lección 8

Gramática 8

♫ **1** gustar動詞の構文「～（人）は…が好きです」　Verbo "gustar"
049

	間接目的格 人称代名詞 O	動詞 gustar V	文法上の主語 （意味上の目的語） S
(No)	me te le	gusta	el café la música viajar
	nos os les	gustan	los deportes las películas

日本語の主語（～は）が間接目的語に、目的語（もの）が文法上の主語となる。

1) 文法上の主語は名詞（句・節）となるのがふつう。

2) 目的格人称代名詞は省略することはできない。

　　¿Te gustan los churros? – Sí, me gustan.

　　Pero no me gusta mucho el gazpacho.

> **やってみよう**
> 1)（彼らは　　　　）（ gustar　　　　　　 ）los bocadillos.
> 2)（私たちは　　　 ）（ gustar　　　　　　 ）cocinar.

♫ **2** 前置詞格人称代名詞　Pronombres con preposición
050

1) 前置詞に続く人称代名詞を前置詞格人称代名詞という。

　　Esto es para ti.　Voy con vosotros.

　　El coche de usted es bonito.

> 前置詞：a, de, en, con, para, por, sobreなど

　cf.) 英語では前置詞に続いて目的格人称代名
　　　詞が用いられる。This is for you. I will
　　　go with you.

2) 例外的な形：前置詞conにmí, tiが続く
　　とき

　　~~con mí~~→**conmigo**　~~con ti~~→**contigo**

　　Quiero ir a la fiesta contigo.

主格	前置詞格	主格	前置詞格
yo	**mí**	nosotros	nosotros/as
tú	**ti**	vosotros	vosotros/as
él	él	ellos	ellos
ella	ella	ellas	ellas
usted	usted	ustedes	ustedes

3 **gustar型動詞（発展）** Verbo gustar (ampliación)

1) **＜a＋人＞の追加**：強調、あるいは具体化のために用いる。

A mí me gusta mucho la comida española.

A Luis le gusta esta canción.

2) **gustarと同じ構文の動詞**（interesar, doler, parecer）

Me interesa la historia de España.

A mí me parece interesante.

¿Te duele el estómago? – No. Me duelen los ojos.

> **やってみよう**
>
> 1) ¿A (　　　) (君は　　　) (interesar　　　) este viaje?
> 2) A (　　) (彼は　　) (doler　　) la cabeza hoy.

4 **天候の表現** Expresiones del tiempo

1. **動詞hacerの3人称単数形を使う**

> 単数形男性名詞の前で：
> bueno→buen; malo→mal
> Lec. 2, **4**2参照

¿Qué tiempo hace hoy?

Hace buen tiempo. ／ Hace mal tiempo.

Hace frío. ／ Hace calor. ／ Hace viento. ／ Hace sol.

2. **その他の動詞（3人称単数形を使う）**

Llueve (＜llover). Nieva (＜nevar).

接続詞　(2)　conjunciones

si = もし～、～かどうか：Si te gusta esta foto, te la doy.

por eso = だから：Me gusta el fútbol. Por eso estudio español.

aunque = ～なのに (although)：Aunque llueve, tenemos que salir.

como = ～なので（since）：Como hace buen tiempo, voy al trabajo en bicicleta.

1 < > に適切な人称代名詞（前置詞格または間接目的格）を入れ、動詞を現在形にしましょう。Conjuga los verbos de tipo "gustar" poniendo el pronombre adecuado en < >.

1) A mí < > (gustar) el otoño. ¿Y a < >? 私は秋が好きです。君は？

2) A nosotros < > (gustar) conocer nuevas culturas.
   私たちは新しい文化を知ることが好きです。

3) A Pablo < > (gustar) los dulces. パブロは甘いものが好きです。

4) A < > < > (interesar) mucho la historia.
   彼らはとても歴史に興味があります。

5) ¿A < > < > (parecer) interesante la novela?
   君たちにとってその小説はおもしろい？

6) ¿A usted < > (doler) los ojos? あなたは目が痛いですか？

2 （ ）内に適語をいれましょう。Completa las frases con la palabra adecuada.

1) ¿Qué ( ) ( ) hacer los sábados? 君は土曜日は何をするのが好きですか？

2) A él ( ) ( ) el español. ( ) ( ), lo estudia mucho.
   彼はスペイン語が好きです。だからよく勉強します。

3) ( ) ( ) calor, voy a comer helado. 暑いので、私はアイスを食べます。

4) ¿Qué te parece ir al museo ( )? 私と博物館に行くのはどう？

5) ( ) no ( ) ( ) el frío, ( ) ( ) el invierno.
   私は寒さは嫌いですが、冬は好きです。

6) ¿Este regalo es para ( )? – Sí, es para ( ).
   このプレゼントは私に？―そう君にだよ。

7) ( ) llueve mañana, ella no va a venir con ( ).
   もし明日雨なら、彼女は私たちと一緒には来ないでしょう。

3 次の文をスペイン語にしましょう。Traduce las frases al español.

1) 君たちは映画館に行くのが好きですか？
   [   ]

2) 私の父は中華料理が大好きです。
   [   ]

3) （私は）頭痛がするので、少し休むつもりです。
   [   ]

4) 私の友人たちは野球をするのが好きです。
   [   ]

5) 天気がいいので、私たちはビーチに行きましょう。
   [   ]

6) 私は君と一緒にそのお店を見たいです。
   [   ]

Diálogo 8

Antonio: Marisol, ¿te interesa la cultura latinoamericana?

Marisol: Claro, me interesa mucho. Pero, ¿por qué?

Antonio: Porque me gusta la música latinoamericana y quiero ir a un concierto en julio contigo.

Marisol: ¡Qué bien! A mí también me gusta muchíoimo. Gracias por invitarme.

Antonio: Gracias a ti por venir. Es el 25 de julio y creo que ya no hay exámenes.

Marisol: Vale, ¡vamos! ¿A qué hora empieza?

Antonio: A las siete y media.

Marisol: ¡Perfecto!

Antonio: Mira, te espero en la estación a las seis.

Actividades 8

プレゼントに何が欲しいか打診されました。様々なものについてあなたの好みを程度を交えて伝えてみましょう。Tu compañero te pregunta qué es lo que quieres como regalo. Expresa tus preferencias.

Modelo: ¿Te gustan los dulces? – Sí, me gustan mucho.

| los dulces japoneses |
| los libros de poesía |
| el vino |
| las gafas de sol |
| los chocolates |
| los videojuegos |
| las flores |
| los CDs de música rock |

好みの程度	
gustar mucho	大好き
gustar	好き
no gustar mucho	余り好きではない
no gustar nada	全く好きではない

 Escucha

(Hola), Carmen, ¿cómo estás? ¿Te (　　　　) el cine? A (　　　　) me gusta mucho. ¿Quieres (　　　　) al cine (　　　　) mañana por la tarde? Hoy me duele la (　　　　), por eso no puedo, pero (　　　　) tengo tiempo. Me gustan mucho las películas (　　　　). Un abrazo, Paco.

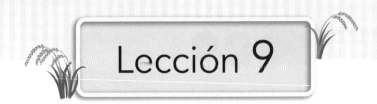

Lección 9

Gramática 9

♫ 055

1 再帰動詞　Verbos reflexivos

再帰代名詞（se）を伴う動詞。

自動詞のような意味を作るほか、様々な用法がある。

1) 自動詞化：levantar**se**（起きる）

　　cf.) levantar＝起こす　　　　再帰代名詞

　　Me levanto a las siete y media.

　　¿Cómo te llamas? – Me llamo Laura.

　　Los niños se acuestan muy temprano.

levantarse（現在形）	
me levanto	**nos** levantamos
te levantas	**os** levantáis
se levanta	**se** levantan

2) （自分の）～を…する

　　Me lavo las manos al volver a casa.

　　(cf.: I wash *my* hands when I come home.)

　　～を（自分に）…する

　　¿No te pones la chaqueta al salir?

　　En el extranjero no nos quitamos los zapatos en casa.

al ＋ 不定詞＝ ～するとき

3) お互い～する

　　Mis padres siempre se ayudan.（cf: My parents always help *each other*.）

　　Nos escribimos todos los días.

4) 受身：主語は事物のみ。⇒ 3人称の文のみ。「誰によって」は表現できない。より一般的。

　　(cf.: もう一つの受身表現：ser / estar ＋ 過去分詞 ＋ por 人　Lec.13 **3**参照）

　　Allí se venden las camisetas.

5) 強意、転意

　　¿Te vas? – Sí, me voy porque ya es tarde.

　　¿Puedo comer esta tortilla? Me muero de hambre.

　　※不定詞のある文での再帰動詞：再帰代名詞を主語に一致させる。

　　Mañana tienes que levantar<u>te</u> temprano.

やってみよう

1) Nosotros (levantarse　　　　　　　) a las seis.

2) Mis hermanos (ayudarse　　　　　　　) mucho.

3) Nuestros amigos españoles (irse　　　　　　　) de Japón mañana.

4) Él (llamarse　　　　　　) Carlos.

2 **無人称文** Expresiones impersonales

1) se + 動詞（3人称単数形）　（一般に）人は〜

Se come bien en ese restaurante.

Se va derecho a la plaza por esta calle.

¿Cómo se dice *arigatou* en español? – Se dice "gracias".

2) 動詞（3人称複数形）　（誰だか知らないけど）人は〜

Te llaman por teléfono.

Dicen que se estudia mucho español en todo el mundo.

3 **接続詞que：名詞節を導く（〜ということを）** Conjunción : que

Creo que en Madrid viven muchos japoneses.

¿Sabes que Toledo está cerca de Madrid?

cf.) 英語のthatと異なりスペイン語ではqueを省略しない。

　　I think (that) many Japanese live in Madrid.

トレドの名産品
ダマスキナード

トレドゆかりの画家エル・グレコ

スペイン・トレドの遠景

056

057

Ejercicios 9

1 現在形の文になるように（　）内の動詞を適切な形にして入れましょう。Conjuga los verbos en el presente de indicativo.

1) Al llegar a casa, tenemos que (lavarse _____) bien las manos.

2) Los niños del colegio (acostarse _____) antes de las diez.

3) Yo no (ponerse _____) la corbata para ir a la universidad.

4) Nosotros ya (irse _____) pronto.

5) ¿Dónde (sentarse _____) tú?

2 接続詞queを用いて一つの文にしてから、日本語にしましょう。Une las dos frases usando la conjunción "que", y tradúcelas al japonés.

1) La paella es una comida típica de España. ／ Así creo. ⇒

2) ¿Sabéis? ／ En España las naranjas son muy baratas. ⇒

3) Mis amigos me lo dicen. ／ Marta sabe tocar el piano. ⇒

4) A Miguel le gustan los deportes. ／ Susana dice así. ⇒

3 （　）内の動詞を現在形に変えたうえで、用法に注意して日本語にしましょう。

Conjuga los verbos en el presente de indicativo y traduce las frases al japonés.

1) ¿Cómo (decirse _____) *itadakimasu* en español?

2) En el kiosco (venderse _____) los periódicos, revistas y refrescos.

3) Los estudiantes de mi departamento (ayudarse _____) bastante para el examen.

4) En esa tienda (hablarse _____) inglés.

5) En Galicia (comerse _____) pescado y mariscos.

4 次の文をスペイン語に訳しましょう。Traduce las siguientes frases al español.

1) 明日の朝仕事があるので、私はもう失礼します。

[　　　　　　　　　　　　　　　　　　　　　　　　　　　　　　　]

2) 小さなレストランではクレジットカードを受け付けないそうです。

[　　　　　　　　　　　　　　　　　　　　　　　　　　　　　　　]

3) 後ろ（atrás）からだと黒板がよく見えません。

[　　　　　　　　　　　　　　　　　　　　　　　　　　　　　　　]

4) 私の母は7時に起きて、12時に寝ます。

[　　　　　　　　　　　　　　　　　　　　　　　　　　　　　　　]

5) 日本では、私たちは玄関で靴を脱がなければなりません。

[　　　　　　　　　　　　　　　　　　　　　　　　　　　　　　　]

6) スペインでは自然エネルギーがよく使われているそうです。

[　　　　　　　　　　　　　　　　　　　　　　　　　　　　　　　]

Diálogo 9

Laura: Oiga, ¿el despacho del profesor Manuel Gutiérrez se encuentra por aquí?

Julio: Perdón, ¿cómo se llama el profesor? ¿Manuel Gutiérrez, o Daniel Gutiérrez?

Laura: Ah, perdón, creo que se llama Daniel Gutiérrez.

Julio: Mira, se va derecho por este pasillo, y a la derecha está su despacho.

Laura: Muchas gracias.

Actividades 9

Sandraの午前中について質問しましょう。 Habla con tu compañero sobre la mañana de Sandra.

Modelo: ¿Qué hace Sandra a las ocho? – Desayuna.

Sandra (Estudiante A)	
7:00	levantarse
7:15	_____
8:00	_____
8:15	ponerse los zapatos
9:00	_____
12:05	lavarse las manos

Sandra (Estudiante B)	
7:00	_____
7:15	ducharse
8:00	desayunar
8:15	_____
9:00	sentarse en el aula
12:05	_____

En España (*normalmente*) la gente se (   ) temprano, porque se ducha (   ) de salir. No se (   ) mucho, (   ) un café y un pan tostado, por ejemplo. A las dos y (   ) terminan las clases y se (   ) de la universidad. (   ) come en casa.

41

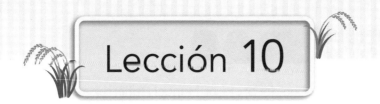

Lección 10

Gramática 10

♫ **1** 点過去（規則動詞）Pretérito indefinido (verbos regulares)

060

hablar	comer	vivir
hablé	comí	viví
hablaste	comiste	viviste
habló	comió	vivió
hablamos	comimos	vivimos
hablasteis	comisteis	vivisteis
hablaron	comieron	vivieron
estudiar	volver	salir
viajar	ver*	escribir
trabajar	conocer	abrir
empezar	nacer	
encontrar	perder	
levantarse		

1）-er動詞と -ir動詞の語尾活用は同じ。

2）表記に注意が必要な規則動詞

1人称単数に注意するもの	
llegar	llegué
empezar	empecé
tocar	toqué

その他、jugar など

3人称に注意するもの	
leer	leí, leíste, **leyó**
	leímos, leísteis, **leyeron**
oír	oí, oíste, **oyó**
	oímos, oísteis, **oyeron**

その他、creer, construir など

＊ただし、verの1人称・3人称単数形ではアクセント符号はつけない。

1．点過去の用法

過去のことがらを、完結、終了したものとして述べる。限定された期間や終点が明確な場合が多い。

Pablo Picasso nació en Málaga en 1881.

Ayer comí paella y ensalada.

¿Cuándo llegasteis a Tokio? – Llegamos la semana pasada.

Mis padres me regalaron esta mochila para mi cumpleaños.

> **点過去とともによく用いられる副詞**
> ayer / anoche
> la semana pasada / el mes pasado / el año pasado
> el verano pasado / en ……（年、日付など）

2. 〜前に：hace 〜, hace 〜 que... （英語の〜 ago に相当）

Empecé a estudiar español **hace** seis meses.

Hace una hora (que) recibí un mensaje de mi amigo.

やってみよう

> Hace dos semanas, yo (conocer　　　　　) a Marta. Ayer ella
> me (invitar　　　　　) a un concierto de música colombiana y
> me (gustar　　　　　) mucho.

2 数（100〜10.000）　Números (de 100 a 10.000)

061

100	ciento (cien)	1000	mil
200	doscientos	2000	dos mil
300	trescientos	3000	tres mil
400	cuatrocientos	4000	cuatro mil
500	quinientos	10.000	diez mil
600	seiscientos	1992	mil novecientos noventa y dos
700	setecientos	2017	dos mil diecisiete
800	ochocientos		
900	novecientos		

1) 100の位は性数一致する。

　Necesitamos trescient**as** sill**as**.

2) 1000の位は複数形にはならない。 (cf. miles de turistas)

　Hay dos mil estudiantes.

3) 年号はそのまま読み下す。

　en 1898= en mil ochocientos noventa y ocho

やってみよう

> 2013 (　　　　　　　　　　　　　　　)
> 1976 (　　　　　　　　　　　　　　　)
> 1575 (　　　　　　　　　　　　　　　)
> 　760 (　　　　　　　　　　　　　　　)

1 点過去形１人称と２人称の練習です。動詞を正しく活用させましょう。

Conjuga los verbos en pretérito indefinido.

1) ¿(Entender   ) (tú) la lección? – Sí, la (entender   ).

2) ¿(Estudiar   ) (tú) inglés? – No, no lo (estudiar   ).

3) ¿(Comer   ) (tú) las verduras? – Sí, las (comer   ).

4) ¿(Comprar   ) (tú) los zapatos? – Sí, los (comprar   ).

2 次の動詞を点過去形に変え、日本語に訳しましょう。Conjuga los verbos en pretérito indefinido y traduce las frases.

1) Hace dos meses que Carlos (empezar) a trabajar en una panadería.

2) ¿Quién (escribir) *El Quijote*? – Lo (escribir) Cervantes.

3) Ellos (acostarse   ) temprano después de la cena.

4) ¿(Viajar) vosotros el verano pasado? – Sí, (viajar) a Okinawa.

5) La madre le (leer) un cuento al niño.

6) Ellos (conocerse   ) en una conferencia la semana pasada.

7) La Segunda Guerra Mundial (terminar   ) en 1945.

8) Yo (perder) la cartera hace tres días.

9) Anoche nosotros (salir   ) con nuestros amigos y
(volver   ) tarde a casa.

10) Salvador Dalí (nacer) en Figueras en 1904.

3 次の文をスペイン語に訳しましょう。Traduce las frases al español.

1) 昨晩、その知らせ（la noticia）をラジオで聞きました。

[   ]

2) その作家は先週の木曜日に成田空港（aeropuerto）に到着しました。

[   ]

3) 君はどこでこのノートを見つけましたか？

[   ]

4) 先週末、君たちはレアルマドリード（el Real Madrid）の試合（partido）を見ましたか？

[   ]

5) 先月、私はジム（gimnasio）に通い始めました。

[   ]

6) 昨日、学生たちはこのフランスの小説を読み終えました。

[   ]

Diálogo 10

Cristina: ¡Qué extraño!

Tomás: ¿Qué pasa, Cristina?

Cristina: ¿No viste una caja marrón por aquí?

Tomás: ¿Una caja marrón? No creo...

Cristina: Hace unos días, mi amiga Verónica me regaló una caja de chocolates. La dejé en la nevera, pero no la encuentro.

Tomás: Pues... Lo siento mucho. Anoche Pablo y yo volvimos a casa con mucha hambre, y al final nos terminamos la caja.

Cristina: ¡Sois increíbles!

062

Actividades 10

以下のことを、昨日、先週末、昨年したかどうか、相手に聞いてみましょう。**Sí**の場合は、**qué, dónde, cuándo...** などを使ってさらに質問してみましょう。

Siguiendo el modelo, en parejas haz preguntas y responde.

Modelo: ¿Estudiaste ayer? – Sí, estudié.
    ¿Qué estudiaste? – Estudié Matemáticas.

昨日：	estudiar, levantarse temprano, tomar café, cocinar
先週末：	salir con amigos, ver la televisión, comprar algo (何か)
昨年：	viajar, leer una novela

Escucha

063

El (escritor) Ernesto Hemingway viajó a (   ) varias veces y (   ) la Feria de San Fermín de Pamplona. (   ), vivió en Cuba. Le (   ) mucho la (   ) de España y de Cuba.

Lección 1
Lección 2
Lección 3
Lección 4
Lección 5
Lección 6
Lección 7
Lección 8
Lección 9
Lección 10
Lección 11
Lección 12
Lección 13
Lección 14
Lección 15
補足 1
補足 2
補足資料
Apéndice

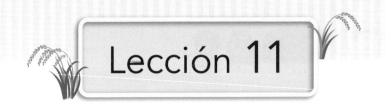

Lección 11

Gramática 11

1 点過去（不規則動詞）Pretérito indefinido (verbos irregulares)

064

1. 語幹が変化し、活用語尾は -e, -iste, -o, -imos, -isteis, -ieron のもの

estar	**estuve**	**estuv**iste	**estuvo**	**estuv**imos	**estuv**isteis	**estuv**ieron
tener	**tuve**	**tuv**iste	**tuvo**	**tuv**imos	**tuv**isteis	**tuv**ieron
poder	**pude**	**pud**iste	**pudo**	**pud**imos	**pud**isteis	**pud**ieron
saber	**supe**	**sup**iste	**supo**	**sup**imos	**sup**isteis	**sup**ieron
poner	**puse**	**pus**iste	**puso**	**pus**imos	**pus**isteis	**pus**ieron
hacer	**hice**	**hic**iste	**hi<u>z</u>o***	**hic**imos	**hic**isteis	**hic**ieron
venir	**vine**	**vin**iste	**vino**	**vin**imos	**vin**isteis	**vin**ieron
querer	**quise**	**quis**iste	**quiso**	**quis**imos	**quis**isteis	**quis**ieron

*3人称単数形の綴りに注意：hacer→hizo

¿Dónde estuviste ayer por la tarde? – Estuve en la biblioteca.

Muchas personas vinieron a la exposición.

Carlos no pudo venir porque tuvo que trabajar.

2. 語幹が変化し、活用語尾は<u>3人称複数以外</u>は上記1.と同じ不規則的なもの

decir	**dije**	**dij**iste	**dijo**	**dij**imos	**dij**isteis	**dij**eron

Ella no me dijo su nombre.

3. 3人称（単数、複数）でのみ語幹母音変化が起こるもの

pedir	pedí	pediste	p<u>i</u>dió	pedimos	pedisteis	p<u>i</u>dieron
dormir	dormí	dormiste	d<u>u</u>rmió	dormimos	dormisteis	d<u>u</u>rmieron

その他、morir (murió), repetir (repitió) など

Yo pedí pescado con arroz y Miguel pidió carne con patatas fritas.

Antoni Gaudí murió a los 73 años.

4. Hay の点過去は hubo

El jueves pasado hubo un accidente de coche enfrente de mi casa.

5. 完全不規則のもの（3つのみ）

ir ser	fui	fuiste	fue	fuimos	fuisteis	fueron
dar	di	diste	dio	dimos	disteis	dieron

¿A dónde fuisteis el verano pasado? – Fuimos a la playa.

Don Miguel fue mi profesor de español.

やってみよう

1) Carlos y Diana me (decir　　　　) que sí.

2) Yo (hacer　　　) pan anoche.

3) El niño (querer　　　　) comer fruta.

2 関係代名詞que　Pronombre relativo: que

065

名詞を節で修飾するときに用いるが、先行詞は人でも物でもよい。

Vamos a ver a la profesora. Ella sabe japonés. ＜主語、人＞

⇒ Vamos a ver a la profesora **que** sabe japonés.

Esta tarde van a llegar los libros. Los pedí en la librería. ＜目的語、もの＞

⇒ Esta tarde van a llegar los libros **que** pedí en la librería.

3 所有形容詞（後置形）　Adjetivos posesivos (en forma completa)

066

1) 修飾する名詞と性数一致する。

2) 名詞の後ろに置く。

Es un amigo mío.

	単数	複数
1人称	mío(-a, -os, -as)	nuestro(-a, -os, -as)
2人称	tuyo(-a, -os, -as)	vuestro(-a, -os, -as)
3人称	suyo(-a, -os, -as)	suyo(-a, -os, -as)

3) 補語として用いることができる。
（SVC構文で）

Esta habitación es mía y esa es tuya.

Soy José. Mucho gusto. – El gusto es mío. Soy Isabel.

4) 所有代名詞をつくる（〜のもの：英語の mine, yours などに該当）

定冠詞 ＋ 所有形容詞後置形　定冠詞、所有形容詞ともに性数一致する。

Tu móvil está aquí, pero creo que perdí el mío.

やってみよう

1) Este vaso es (君の　　　　　).

2) Esta casa es (君達の　　　).

3) Aquellas pinturas son (彼の　　　　), ¿verdad?

Ejercicios 11

1 （　　）内の動詞を点過去形に活用させましょう。 Conjuga los verbos en pretérito indefinido.

1) El autor de esta foto (ser _____) mi vecino.

2) Los pasajeros del avión (dormir _____) después de la comida.

3) Nosotros (estar _____) en una reunión ayer.

4) ¿Qué (hacer _____) tú el fin de semana?

5) Yo (poder _____) cantar bien la semana pasada.

6) Hace un mes que Carlos (venir _____) a Japón.

7) Yo no (querer _____) salir por el frío.

8) Anoche nosotros (irse _____) temprano para no perder el tren.

9) ¿(Tener _____) tú mucho trabajo la semana pasada?

10) Mis padres no me (decir _____) el precio del abrigo.

2 所有形容詞後置形か所有代名詞を入れましょう。 Completa con adjetivo posesivo o con pronombre posesivo.

1) ¿De quién es esta copa? – Es 君の_____. 私の_____ es esta.

2) Mi coche es este. ¿Dónde está あなた方の_____?

3) Aquí tengo mis papeles. ¿Ya tiene usted あなたの_____?

4) Mi sobrino vino ayer. Estos zapatos pequeños son 彼の_____.

5) Soy Taro. Mucho gusto. – El gusto es 私の_____. Soy Daniel.

3 次の文をスペイン語に訳しましょう。 Traduce las frases al español.

1) 昨日の朝、私のスペイン人の友人マリオ (Mario) は京都の中心街を散歩 (dar un paseo) しました。

[　　　　　　　　　　　　　　　　　　　　　　　　　　　　　　　]

2) 私たちは先週末、何千枚もの (miles de) ちらし (folletos) を作らなければなりませんでした。

[　　　　　　　　　　　　　　　　　　　　　　　　　　　　　　　]

3) 私たちの先生は一週間前に、試験の日を私たちにいいました。

[　　　　　　　　　　　　　　　　　　　　　　　　　　　　　　　]

4) 私のスマホは古くて小さいですが、君のは新しくて大きい。

[　　　　　　　　　　　　　　　　　　　　　　　　　　　　　　　]

5) 私は昨日来なかった学生たちとお話ししなければなりません。

[　　　　　　　　　　　　　　　　　　　　　　　　　　　　　　　]

Diálogo 11

Daniel: ¿Qué tal las vacaciones?

Saki: Una maravilla. Mis padres vinieron de Tokio y viajamos a Andalucía.

Daniel: ¡Qué envidia! ¿Cuánto tiempo estuvisteis allí?

Saki: Estuvimos una semana. Primero fuimos a Sevilla, e hicimos un tour por la ciudad. Visitamos la catedral y vimos una corrida de toros.

Daniel: ¿Qué os pareció la corrida?

Saki: Un poco cruel, pero para mí, fue emocionante. A mi padre le gustó mucho.

Daniel: ¿Qué más hicisteis?

Saki: Después, fuimos a Granada para conocer la Alhambra. Pasamos los últimos días en la Costa del Sol, y disfrutamos del buen tiempo.

Daniel: ¡Qué suerte!

Actividades 11

（　　）内の動詞を点過去に活用させて下の質問を互いにし、それぞれカードを参照して答えましょう。Practica con tu compañero.

Modelo: ¿Cuándo viajaste? – Viajé hace un año.

1. ¿Cuándo (viajar)? 2. ¿Dónde (estar)? 3. ¿Con quién (ir)? 4. ¿Qué (hacer) allí? 5. ¿Cómo (ser) el viaje?	**Yo** Hace 2 años (viajar) a España / (estar) en Madrid / (ir) con mi familia / (visitar) el Museo del Prado y (poder) conocer el flamenco y (comer) paella / el viaje (ser) divertido

Jorge
En 2013 (viajar) a Japón / (estar) en Kioto / (ir) con su amigo / (ver) muchos templos y (ponerse) un kimono / el viaje (ser) interesante

 Escucha

El (verano) (　　　　) mis padres y yo fuimos a Okinawa. (　　　　) en la playa y comimos la comida típica de allí. También (　　　　) conocer un poco la (　　　　) e historia de Okinawa. El (　　　　) fue muy bonito.

Lección 12

Gramática 12

 1 現在分詞　Gerundio

069

> -er動詞と-ir動詞
> は同じ形に

1．規則形

不定詞	hablar	comer	vivir
現在分詞	habl**ando**	com**iendo**	viv**iendo**

2．不規則形

leer → leyendo	decir → diciendo	oír → oyendo
dormir → durmiendo	ir → yendo	

3．用法

1) 現在進行形　〜している

> 目的格人称代名詞／再帰代名詞は不定詞同様
> に現在分詞の後ろに結合することができる
> ex) Sí, estoy comiéndolo.

　estar ＋ 現在分詞

Ahora estoy leyendo un libro.

¿Estás comiendo el bocadillo? – Sí, lo estoy comiendo.

2) 付帯状況：〜しながら

Voy a la estación corriendo.

やってみよう

1) ¿Qué (hacer 　　　　　) (tú)?

2) Yo (comer 　　　　　).

3) ¿Ustedes (ver 　　　　　) la televisión ahora?

4) Mi perro (dormir 　　　　　) en el sofá.

---

2 不定語と否定語　Pronombres/Adjetivos indefinidos

070

1) **algo** (something) ⇔ **nada** (nothing)：代名詞（性、数は無い）

ものに対してのみ用いる。

> 否定語が動詞より後に
> 来る場合には、動詞の前
> の否定語noも必要！

¿Oyes algo? – Sí, se oye ruido en la calle.

¿Sabes algo del accidente? – No, <u>no</u> sé <u>nada</u>.

（cf. I know nothing.）

2) **alguien** (somebody) ⇔ **nadie** (nobody)：代名詞（性、数は無い）

人に対してのみ用いる。

¿Hay alguien en casa? – No, <u>no</u> hay <u>nadie</u>.

3) **alguno** (some; some~) ⇔ **ninguno** (none; no~)：（代名詞；形容詞）

想定されている具体的な名詞にあわせて性数一致する。

形容詞：Conozco algun<u>as</u> ciudades de Shikoku.

En ningun<u>a</u> estación hay ascensor.

代名詞：¿Son buenas estas naranjas ? – Sí, algun<u>as</u> son muy dulces.

¿Puede venir <u>algún</u>※ amigo tuyo? – No, <u>no</u> puede venir <u>ninguno</u>.

※形容詞として男性名詞単数の前に置く場合、語尾のoが脱落する→algún, ningún

4) **nunca** (never)　決して〜ではない

El Sr. Gómez nunca llega tarde.

やってみよう

1) Ayer no vino (　　　　　　).

2) En la bolsa no hay (　　　　　　).

3) (　　　　　　) día, quiero ir a España.

4) No veo (　　　　　　) foto aquí. ¿Dónde está?

5) ¿Quieres (　　　　　　) de comer ? – No, gracias. No tengo hambre.

3 Cuando：〜するとき（副詞節）　Cuando (Oración adverbial)　♪ 071

Cuandoに続く節が副詞節となる。主文の前にも後にも置ける。

Cuando hace calor, abrimos estas ventanas.

Vamos al museo cuando hay buenas exposiciones.

4 lo（定冠詞中性形）の用法：〜なこと　Uso de "lo"　♪ 072

Lo importante es ser honesto.

Lo increíble es que él se lo comió todo.

Ejercicios 12

1 （　）内の動詞を現在進行形の正しい形にしましょう。Completa las frases en la forma del gerundio.

1) ¿Qué (hacer _____) vosotros ahora?
   – Yo (preparar _____) la cena y Marta (ver _____)
   la televisión.
2) Los chicos (jugar _____) al baloncesto en el parque.
3) ¿Puedes esperar un poco? Roberto todavía (ducharse _____).
4) Yo (leer _____) un mensaje de mi amiga.
5) Emilio dice que (buscar _____) una casa.

2 algo, nada, alguien, nadie, alguno, ninguno, nunca の中から（　）内に入る単語
を選び、適切な形にして入れましょう。Completa con el adjetivo / pronombre indefinido.

1) ¿Quieres beber (_____)? – Sí, quiero un vaso de agua, por favor.
2) Ella (_____) compra zapatos en Internet.
3) Jorge no me dijo (_____) sobre su nuevo trabajo.
4) Oye, creo que (_____) te está llamando.
5) Tenemos (_____) flores en nuestro jardín.
6) Por aquí no hay (_____) supermercado.

3 （　）内に適切な現在分詞を入れ、文を訳しましょう。Completa con el gerundio y traduce
las frases al japonés.

1) Normalmente desayuno (escuchar _____) las noticias.
2) Él siempre se ducha (cantar _____).
3) Salimos del aula (hablar _____) de las vacaciones.
4) Ellos llegaron (correr _____) a la reunión.

4 次の日本語をスペイン語にしましょう。Traduce las siguientes frases al español.

1) 子どもたちは何をしているの？―宿題をやっているところだよ。
   [_____]
2) 私たちはフリアン（Julián）を駅で待っているところです。
   [_____]
3) （君は）何か質問がありますか？―いいえ、ありません。
   [_____]
4) 大切なことは毎日練習する（practicar）ことです。
   [_____]
5) 今はお手洗いに誰もいません。
   [_____]

Diálogo 12

♪ 073

Miguel: ¿Qué estás haciendo, Yuria?

Yuria: Voy a Perú en Navidad y estoy mirando internet para saber el precio del viaje.

Miguel: ¡Qué bien! ¿Has encontrado alguna oferta de viajes?

Yuria: No, ninguna. Perú está lejos, y el viaje es muy caro. Pero conocer Machu Picchu es mi sueño.

Miguel: ¿Conoces a alguien en Perú? Tengo una amiga en Cuzco.

Yuria: No, a nadie. ¿Tu amiga es estudiante?

Miguel: Sí. Se llama Mercedes. Si quieres, le voy a escribir, y vas a conocerla.

Yuria: Gracias, Miguel. Entonces, ¡voy a regalarle algo de Japón!

Actividades 12

身の回りの人が何をしているのか言ってみましょう。

Habla con tu compañero qué está haciendo.

Modelo: ¿Qué está haciendo Saori ahora? – Está escribiendo algo.

tú	vosotros	Saori
estudiar español/ hablar en español con mis compañeros	planear el viaje/ trabajar/ mirar internet	estudiar/ hacer una tarea/ hablar con sus compañeros/ leer un libro

♪ 074

Buenos días. ¿(Todavía) estás (   )? Ya son las siete y media. – Ay, ¡qué (   )! Tengo que ir corriendo ahora mismo. ¡Hoy hay un (   )! – Hija, tienes que desayunar (   ), ¿no? – No quiero desayunar (   ). No tengo hambre. Ay, ay, ay. – ¡Vamos, vamos!

Lección 1
Lección 2
Lección 3
Lección 4
Lección 5
Lección 6
Lección 7
Lección 8
Lección 9
Lección 10
Lección 11
Lección 12
Lección 13
Lección 14
Lección 15
補足 1
補足 2
補足資料 Apéndice

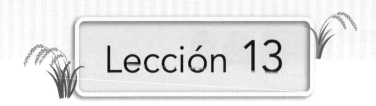

Lección 13

Gramática 13

1 過去分詞　Participio pasado

075

> -er動詞と-ir動詞
> は同じ形に

1. 規則形

不定詞	hablar	comer	vivir
過去分詞	hablado	comido	vivido

2. 不規則形

abrir → abierto	decir → dicho	hacer → hecho	volver → vuelto
escribir → escrito	ver → visto	poner → puesto	romper → roto

3. 形容詞的用法：～された → 性数一致する

　　ventana cerrada　　　　　　libros usados

　　coche hecho en Japón

> **やってみよう**
>
> 1) Son los libros (escribir　　　　　　) en español.
> 2) Es una canción muy (conocer　　　　　　).
> 3) Todavía la biblioteca está (abrir　　　　　　).

2 現在完了　Pretérito perfecto

076

1. 現在完了の活用

vivir	
he vivido	**hemos** vivido
has vivido	**habéis** vivido
ha vivido	**han** vivido

haber（現在形）＋ 過去分詞（性数変化しない）

2. 現在完了の用法

1) 完了：現在を基準に完了した出来事

　　¿Has comido ya? – No, todavía no he comido.

　　Todavía no se ha cerrado la puerta con llave.

> ya もう
> todavía まだ

alguna vez 一度でも
nunca 一度も〜ない

2) 経験・継続：現在までの経験

He estado en España pero nunca he estado en Francia.

Ricardo ha sido siempre educado conmigo.

¿Has comido alguna vez tamales?

3) 現在を含む副詞を伴う場合

Esta mañana me he levantado tarde.

Hoy hemos estudiado Física.

Esta semana hemos visto un partido de tenis.

> **現在完了とともによく用いられる副詞**
> hoy
> esta mañana / esta tarde / esta noche
> este lunes ...
> esta semana / este mes / este año

やってみよう

1) Yo ya (estudiar　　　　　) inglés y ahora quiero estudiar español.

2) Este año (subir　　　　　) el precio de pan.

3) Nosotros nunca (ir　　　　　) a Rusia.

4) ¿(Entender　　　　　) tú? – Claro.

5) Hoy mi madre (comprar　　　　　) un vestido.

3 受動態（→Lección 9　再帰動詞の項目参照） Voz pasiva

077

1) 再帰動詞を用いる。より一般的。主語が事物の場合にのみ使われる。

Se venden libros en inglés en esa librería.

2) ser ＋ 過去分詞 ＋ por 〜

過去分詞は性数一致する。行為者は前置詞 por を用いる。

La novela fue escrita por García Márquez.

3) estar ＋ 過去分詞

結果としての状態を示すとき、estar を用いる。

El libro está escrito en inglés.

Ejercicios 13

1 ( ) 内の動詞を現在完了に活用させましょう。Conjuga los verbos en pretérito perfecto.

1) ¿Qué (hacer) tú esta semana?
2) Nosotros todavía no (ver) el plan de la nueva estación.
3) Ya ellos (volver) de la excursión.
4) ¿(Vivir) vosotros alguna vez en el extranjero?
5) Yo no (decir) nada.
6) Su madre (ser) siempre maestra de inglés.
7) Mis invitados ya (llegar).

2 クラスメートと質問しあいましょう。Practica las siguientes preguntas con tus compañeros.

1) ¿Has comido alguna vez comida española? _____
2) ¿Qué ciudades de Japón has conocido hasta hoy? _____
3) ¿Cuántas horas has estudiado para esta clase esta semana? _____
4) ¿Has tomado café o té hoy? _____
5) ¿A qué hora te has levantado hoy? _____

3 ( ) の動詞を適切な形に変えて文を完成しましょう。Completa las frases con el participio de pasado.

1) A estas horas creo que ya no hay ninguna farmacia (abrir).
2) En este restaurante hay muebles (hacer) en España.
3) Recibí una carta de invitación (escribir) a mano.
4) Dicen que es una sociedad muy (cerrar).

4 次の文をスペイン語に訳しましょう。Traduce las siguientes frases al español.

1) 君はもう朝ご飯を食べましたか？―はい、食べました。
   [ ]
2) お寿司はラテンアメリカやスペインでよく知られている日本食です。
   [ ]
3) 君たちは大学の友達といっしょに旅行したことがありますか？
   [ ]
4) 私は今月3回買い物に行きました。
   [ ]
5) 私たちは今年、大学に入り (ingresar) ました。そのときからもうだいぶ時間が経ちました。
   [ ]
6) 私は今、君が依頼したメールを君に送付したところです。
   [ ]

Diálogo 13

Diego: Oye, Isabel, han salido los folletos de "*Viajes culturales*" en la oficina internacional.

Isabel: ¡Qué bien! He esperado mucho. Tengo que ir a la oficina hoy mismo. Y tú ya tienes uno, ¿verdad?

Diego: No, acabo de* oírlo. Oye, ¿ya has comido?

Isabel: Todavía no. ¿Por qué no comemos ahora y luego pasamos por la oficina?

Diego: Buena idea. Vamos.

※ acabar de +不定詞～ = ～したところです

Actividades 13

友達に様々な経験について聞いてみましょう。Haz preguntas a tus compañeros sobre sus experiencias.

Modelo: ¿Has esquiado alguna vez? ¿Dónde?
　　　　– Sí, he esquiado muchas veces en Zaou.

1. esquiar
2. trabajar por horas
3. participar en un concurso
4. tomar clase de música
5. tener mascota
6. escuchar música latinoamericana
7. subir al monte Fuji
8. practicar un deporte en equipo
9. viajar al extranjero
10. conducir un coche
11. viajar con amigos

Escucha

Querida Mari Carmen:

Hola, ¿cómo (**estás**)? (　　　　) estado este fin de (　　　　) en Barcelona. ¡El viaje ha sido estupendo! El sol, el mar, la arquitectura… ¡Me ha (　　　　) todo! (　　　　) comido por (　　　　) vez pan con tomate y zarzuela de mariscos, que son platos (　　　) de aquí. También hemos (　　　　) la Sagrada Familia y Casa Milà, de Gaudí. (　　　　) mañana y te enseño las fotos. Un abrazo, Rumi.

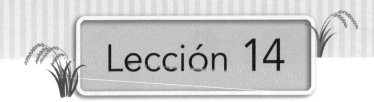

Lección 14

Gramática 14

 1 比較級：形容詞と副詞を比較する Comparativos
080

1. 優等比較 Comparativos de superioridad

> más ～ que... ⇒ …より～だ

> másのかわりにmenosで
> 劣等比較に！
> María es <u>menos</u> alta <u>que</u> tú.

Mis padres son <u>más altos que</u> yo.

Nosotros hemos comido <u>más temprano que</u> vosotros.

Este jersey es <u>más barato que</u> ese.

> **やってみよう**
> 1) Estas casas son (　　　　) (grande　　　　) que aquellas.
> 2) La iglesia es (　　　　) (bonito　　　　) que este edificio.

2. 比較級の不規則形（6種類のみ） Formas irregulares

Ahora hay **más gente** que antes.

Esta foto es **mejor que** la otra.

El café de hoy es **peor que** el de ayer.

Comemos **menos que** ayer.

Mi hermano mayor tiene 23 años.

Somos **menores que** Francisco.

más	← más mucho
menos	← más poco
mejor	← más bueno
	← más bien
peor	← más malo
	← más mal
mayor	← (más grande)
menor	← (más pequeño)

➤ mejor, peor, mayor, menorには複数形がある。
➤ mayor, menorは主に年齢に用いられる。

> **やってみよう**
> 1) Ahora se vende (もっと沢山　　　　) café que antes.
> 2) Esta cafetería es (より良い　　　　) que las de Estados Unidos.
> 3) Mis hermanos son (年上の　　　　) que yo.

3. 同等比較 Comparativos de igualdad

> tan ～ como... ⇒ …と同じぐらい～だ

Este abrigo es tan suave como aquel (abrigo).

➤ 形容詞は性数一致する。

Lección 1
Lección 2
Lección 3
Lección 4
Lección 5
Lección 6
Lección 7
Lección 8
Lección 9
Lección 10
Lección 11
Lección 12
Lección 13
Lección 14
Lección 15
補足 1
補足 2
補足資料 Apéndice

やってみよう

1) Estas películas son (   ) (interesante   ) como aquellas.

2) Mis hermanos son (   ) (alto   ) como mi padre.

4. 同等比較の不規則形（1つだけ）

> **tanto** ← ~~tan mucho~~

Hay muchos libros aquí. Hay muchos libros en la biblioteca.

⇒ Hay **tantos** (× tan muchos) **libros** aquí como en la biblioteca.

Me gusta tanto Barcelona como Madrid.

やってみよう

1) Tokio tiene (   ) población como la Ciudad de México.

2) Yuri lee (   ) libros como los profesores.

5. 最上級　Superlativos

> el/los/la(s)　+　（名詞）　+　más　+　形容詞　+　de(en)〜　→　〜で最も…だ

Madrid es la ciudad más grande de España.

La época de Navidad es la más bonita de todo el año.

➤ ただし、不規則形の形容詞 mejor / peor、mayor / menor は、通常名詞の前に置かれる。
Es uno de los mejores jugadores del equipo.
Fue la mayor recesión de la historia de Japón.

2 関係副詞 **donde**　Adverbios relativos: donde

Esta es **la ciudad**. Picasso nació **en esta ciudad**.

⇒ Esta es la ciudad **donde** Picasso nació.

（= Esta es la ciudad en que nació Picasso.）

081

Ejercicios 14

1 （　）内に適切な単語を、＜　＞内の形容詞、副詞は適切な形にして入れましょう。

Completa las frases con palabras adecuadas.

1) Este ordenador (　　　　　) <bueno　　　　　> (　　　　) aquel.
   このパソコンはあれよりも良い。

2) La ciudad de Nara (　　　　) (　　　　) <antiguo　　　　> (　　　　)
   Kioto. 奈良市は京都より古いです。

3) Kamakura es una ciudad (　　　　) <bonito　　　　> (　　　　) Nikko.
   鎌倉は日光と同じぐらい美しい町です。

4) Ellos (　　　　) (　　　　) <ocupado　　　　　　> (　　　　) nosotros.
   彼らは私たちよりも忙しい。

5) Hay <mucho　　　　> mujeres (　　　　) hombres en nuestro equipo.
   私たちのチームには女性と男性がそれぞれ同じ数だけいます。

6) El Museo del Prado (　　　) (　　　) museo (　　　) <famoso　　　>
   (　　　) España.
   プラド美術館はスペインで最も有名な美術館です。

7) Estas gafas (　　　　) (　　　　) (　　　　) <caro　　　> (　　　　)
   la tienda. この眼鏡は、店の中で最も高価な眼鏡です。

2 以下の文を正しいスペイン語の文にしましょう。Corrige las siguientes frases.

1) Normalmente trabajo más pocas horas que Daniel.

   _____

2) Me gusta más mucho el teatro que el cine. _____

3) Este hotel es más malo que el otro. _____

4) En esta pastelería se venden las más buenas tartas del país.

   _____

3 以下の文を、スペイン語にしましょう。Traduce las frases al español.

1) その映画はこれよりも長いですが、とても良いです。
   [　　　　　　　　　　　　　　　　　　　　　　　　　　　　　　]

2) この部屋は全ての中で最も素敵です。
   [　　　　　　　　　　　　　　　　　　　　　　　　　　　　　　]

3) 今日、私は昨日よりも疲れています。
   [　　　　　　　　　　　　　　　　　　　　　　　　　　　　　　]

4) 彼らにとって英語はスペイン語よりも易しいです。
   [　　　　　　　　　　　　　　　　　　　　　　　　　　　　　　]

5) このレストランはあれよりも人気がある (popular) と思います。
   [　　　　　　　　　　　　　　　　　　　　　　　　　　　　　　]

6) ヘラルド (Geraldo) は読書をするよりスポーツをする方が好きです。
   [　　　　　　　　　　　　　　　　　　　　　　　　　　　　　　]

♪ 082

Miguel: Oye, Paula, ¿qué ciudad te gusta más, Segovia o El Escorial?

Paula: Pues... a mí me gusta más Segovia. Creo que hay mejor comida en Segovia.

Miguel: ¿Qué hay en Segovia?

Paula: El acueducto y el Alcázar de Segovia son muy famosos. Y el cochinillo asado es una comida buenísima.

Miguel: Me interesa más el Alcazar.

Paula: En Segovia hay tantas cosas. Isabel también quiere conocer Segovia. Nos vamos mañana. ¿Vienes?

Miguel: Vale. ¿A qué hora salimos?

セゴビアの水道橋

セゴビアの城・アルカサル

Actividades 14

友達と質問しあいましょう。 Contesta con tus compañeros.

1) ¿Qué ciudad de Japón te gusta más? Y ¿por qué?

2) Para ti, ¿qué comida de Japón es más rica?

3) ¿Cuál de las dos ciudades quieres visitar en las vacaciones, Madrid o Barcelona?

4) ¿En qué quieres trabajar en el futuro?

Escucha

♪ 083

– (**Este**) jersey es muy bonito. ¿(   ) es? – Son (   ) euros. Es de alpaca, por eso es muy suave. – Gracias, pero es (   ) caro para mí... – Señorita, este (   ) menos de 100 euros. ¿Qué le parece? – Es más (   ), y me gusta (   ) este color. – Por aquí hay más jerséis como este. – Gracias.

Lección 15

Gramática 15

1 線過去　Pretérito imperfecto

084

1．規則活用

> -er動詞と-ir動詞
> の活用は同じ

hablar	comer	vivir
hablaba	comía	vivía
hablabas	comías	vivías
hablaba	comía	vivía
hablábamos	comíamos	vivíamos
hablabais	comíais	vivíais
hablaban	comían	vivían

2．不規則活用（→以下の３つのみ）

ser	ir	ver
era	iba	veía
eras	ibas	veías
era	iba	veía
éramos	íbamos	veíamos
erais	ibais	veíais
eran	iban	veían

3．線過去の用法

1) 過去の習慣や、反復する行為を示す。

Cuando era niño, iba a la casa de mis abuelos cada verano.

En aquella época, practicaba el piano todos los días.

2) 過去の継続した行為や状態を示す。

Mientras yo limpiaba la casa, él preparaba la cena.

Cuando volví a la residencia de estudiantes, mis compañeros veían la televisión.

No estabas cuando fui a tu casa.

3) 時制の一致（主節の過去形にあわせて従属節の動詞を過去時制に一致させる場合）で使う。

Él me dijo que estaba muy cansado. ← Él me dijo: "Estoy muy cansado".

El estudiante le preguntó al profesor si podía ir al baño.

← El estudiante le preguntó al profesor: "¿Puedo ir al baño?".

> **線過去とともによく用いられる表現**
> antes / entonces
> todos los años... / cada verano...
> Cuando era pequeño(a)... / De niño(a)...

やってみよう

Cuando yo (ser) niño, (vivir) en un pueblo muy pequeño. Cerca de mi casa, (haber) un río. Nosotros (ir) mucho a ese río para pescar.

2 線過去と点過去 Pretérito imperfecto e indefinido ♪ 085

点過去	線過去
継続性を表現しない	継続性を表現
一回きりの行為	反復性を表現
終了した過去のこと（現在との断絶）	終了したかどうかは問題とされない
実現したことを表現	実現したかを問わない（未遂の可能性）
	より描写的
	時間の表現（Eran las 〜）
（出来事が）起こる (hubo)	ある、いる (había)

Mis padres vivían en Brasil antes. (cf. Mis padres vivieron en Brasil hasta 1995.)

Entonces yo no conocía a Marta. (cf. Conocí a Marta hace dos años.)

Manuel vivió aquí, y creo que era pintor. (cf. Mi vecino no es pintor, pero lo fue.)

Cuando terminaron de limpiar la casa, ya eran las once.

Hubo un accidente en la esquina anoche.

(cf. Antes había una casa grande en la esquina.)

Ejercicios 15

1 （　）内の動詞を線過去形に活用させましょう。Conjuga los verbos en pretérito imperfecto

1) De niños, nosotros (ir　　　　　　) frecuentemente al zoo.
2) En aquel tiempo, ella (tener　　　　) demasiado trabajo y
   (estar　　　　　　　) siempre cansada.
3) Mis padres me dijeron que la noticia no (ser　　　　　) correcta.
4) Yo (morirse　　　　　　　　) de risa con sus bromas.
5) Cuando era estudiante de bachillerato, Yuta (jugar　　　　　) al fútbol.
6) (Ser　　　　　) las seis cuando me levanté ayer para salir de viaje.
7) Cuando nosotros (estudiar　　　　　) en el colegio, (haber　　　　　　)
   pocos estudiantes que tenían móvil.

2 （　）内の動詞を点過去か線過去に活用させましょう。Conjuga los verbos en pretérito
indefinido o imperfecto.

1) Cuando yo (llegar　　　　　　) a la clase, los otros estudiantes
   (trabajar　　　　　) en grupos.
2) (Haber　　　　　) un terremoto grande en América Central ayer.
3) Yo (ver　　　　　) a mis vecinos cuando (ir　　　　　) a la estación por
   esta calle.
4) Mi hermano no es actor, ni lo (ser　　　　　). Es ensayista.
5) Cuando (recibir　　　　　) mi llamada, mi padre (estar　　　　　) en el
   tren. Por eso no me (contestar　　　　　　　　).
6) (Yo) le (preguntar　　　　　　) a esa persona si se (poder　　　　　)
   pasar.
7) Ellos (saber　　　　　) la noticia anoche.

3 次の文をスペイン語に訳しましょう。Traduce las siguientes frases al español.

1) その当時、その駅の近くに川がありました。
   [　　　　　　　　　　　　　　　　　　　　　　　　　　　　　　　]
2) 子供の頃、私の家族はクリスマス休暇になると、スキーに行っていました。
   [　　　　　　　　　　　　　　　　　　　　　　　　　　　　　　　]
3) サラは私に、彼女は大学に歩いて (a pie) 来ていると言いました。
   [　　　　　　　　　　　　　　　　　　　　　　　　　　　　　　　]
4) 私の祖父は以前は青い車を運転していましたが、その後、それを売りました。
   [　　　　　　　　　　　　　　　　　　　　　　　　　　　　　　　]
5) 君は子供の頃、何をするのが好きでしたか？
   [　　　　　　　　　　　　　　　　　　　　　　　　　　　　　　　]
6) 私たちは、研究室 (laboratorio) の窓から、空 (cielo) と公園を眺めたものです。
   [　　　　　　　　　　　　　　　　　　　　　　　　　　　　　　　]

Diálogo 15

Jun: ¡Feliz Navidad, Susana! ¿Cómo pasaste la Nochebuena?

086

Susana: ¡Feliz Navidad! Muy bien. Estuve en la casa de mis padres. A mí siempre me han gustado mucho las Navidades.

Jun: ¿Cómo eran las Navidades en tu casa?

Susana: En Nochebuena, comíamos cordero. Normalmente mi padre lo preparaba. Cantábamos villancicos※ y también íbamos a la iglesia. Las calles estaban muy bonitas.

Jun: ¿Te hacían muchos regalos?

Susana: Sí, pero me los hacían el Día de Reyes※※. Mis hermanos y yo poníamos el belén en casa y esperábamos el 6 de enero.

Jun: ¡Qué bonito!

※ villancicos＝クリスマス・キャロル
※※1月6日は東方の三賢人の祝日（公現祭）。

Actividades 15

サエコとケントの高校時代について、次の質問をお互いにし、答えましょう。

Habla con tu compañero sobre la época de bachillerato de Saeko y Kento.

1) ¿Cómo era (Saeko)?

2) ¿Qué tipo de música escuchaba?

3) ¿Qué quería estudiar en el futuro?

4) ¿Qué hacía los fines de semana?

Saeko	Kento
ser delgada	tener el pelo largo
escuchar música pop	escuchar música rock
querer estudiar Matemáticas	querer estudiar Derecho
salir con sus amigos	ver muchas películas

Escucha

087

– Feliz (**Año**) Nuevo, Aki. ¿Cómo pasaste la Nochevieja (   ) estabas en Madrid?

– Fui a la Puerta del Sol con unos amigos. (   ) mucha gente, y todo el mundo cantaba y (   ). También había fuegos artificiales. - ¿(   ) las uvas?

– Sí, claro. A las (   ), tomé las doce uvas. Me lo pasé muy (   ).

Lección 8-15を復習しよう！

Lección 8

問いに答えましょう。
1. ¿A tus padres les gusta bailar? ....
2. ¿Qué tiempo hace hoy? ....
3. ¿Te gusta tu universidad? ....

スペイン語にしましょう。
1. 私はスポーツが好きです。 ....
2. アントニオはスペインの音楽に興味があります。 ....

Lección 9

（　　）内の動詞をtúの現在形に活用させて質問文を完成してから、答えましょう。
1. ¿A qué hora (levantarse　　　　　)?

....

2. ¿Cuándo (ducharse　　　　　), por la mañana o por la noche?

....

3. ¿Con quién (sentarse　　　　　) en el aula normalmente?

....

4. ¿A qué hora (irse　　　　) de la universidad a casa?

....

5. ¿A qué hora (acostarse　　　　　)?

....

Lección 10

（　　）内の動詞を点過去形にしましょう。
1. La semana pasada (empezar　　　　　) las rebajas.
2. Yo la (ver　　　　) ayer en la biblioteca.
3. Mis amigos de España me (escribir　　　　　) antes de venir a Japón.
4. José (volver　　　　) a Madrid muy tarde anoche.
5. Nosotros (visitar　　　　) a los tíos.

Lección 11

（　　）内の動詞を点過去にしましょう。
1. Ella (ir　　　　) al cine anoche.
2. Luisa y Francisco me (decir　　　　　) adiós.
3. Ellos (tener　　　　) un hijo el año pasado.
4. Marbella (ser　　　　) antes un pueblo pequeño.
5. Ayer tú no (venir　　　　) a la universidad.
6. ¿(Estar　　　　) tú enfermo?
7. ¿Qué (hacer　　　　) vosotros ayer?

Lección 12

スペイン語で答えましょう。

1. ¿Tienes algún amigo extranjero? _____

2. ¿Conoces a alguien famoso? ¿A quién? _____

3. ¿Sabes algo de América Latina? _____

4. ¿Con quién hablas cuando tienes algún problema? _____

5. ¿Estás leyendo algún libro últimamente? ¿Qué libro?

_____

Lección 13

（　　）内の動詞を現在完了形にして、日本語に訳しましょう。

1. El tren ya (irse　　　　　　　　　　).

2. Nosotros ya (ponerse　　　　　　　　) de acuerdo.

今日したことを、現在完了形を使って言ってみましょう。

_____

_____

_____

Lección 14

スペイン語圏の町で一番興味がある町について調べ、その魅力や特徴を述べましょう。

_____

_____

_____

_____

Lección 15

あなたの高校時代についてスペイン語で書いてみましょう。

_____

_____

_____

_____

HISPANOAMÉRICA

❶ メキシコシティ (Ciudad de México)
アステカ (Azteca) 帝国の都があった場所にスペイン人が建設した都市で、現在は2000万人以上の人が住む巨大都市。中央広場の下に眠るアステカの神殿の一部はそのまま博物館として公開されている。

❷ クスコ (Cuzco)
インカ帝国の首都だった時代の雰囲気をそのまま受け継いでいる。精巧な石積みの石壁はインカ文明の技術力の高さを示すもの。海抜はなんと3500メートル。

❽ Isla de Pascua

México

Península de
Yucatán

❶ Ciudad de México

❺ La Habana

Cuba

República
Dominicana

Jamaica

Tikal

Belize

Haití

Guatemala

Honduras
El Salvador

Mar Caribe

Nicaragua

Costa Rica   Panamá

ティカル (Tikal) マヤ文明最大の遺跡。

❺ ハバナ (La Habana)
世界遺産に登録されたノスタルジックな旧市街とクラシックカーで知られるハバナは今、急速に活気付いている。

❽ イースター島 (Isla de Pascua)
チリ沖にある。ポリネシア系先住民が残した巨大石像モアイは圧巻！

ガラパゴス諸島 (Islas Galápagos)
美しい自然と他では見られない生き物、ダーウィンの進化論で有名。

Sudamérica

Caracas

Colombia

Venezuela

Bogotá

Quito

Ecuador

Río Amazonas

Cordillera de los Andes

Perú

⑦ Machu Picchu

Lima

Brasil

② *Cuzco*

Bolivia

Lago Titicaca

Brasilia

ウユニ（Uyuni）
広大な塩原だが雨が降ると鏡のように！

Uyuni

Paraguay
Asunción

Río de Janeiro

⑥ Cataratas de Iguazú

São Paulo

Aconcagua (6960)

Océano Pacífico

Océano Atlántico

Uruguay

Santiago

④ Buenos
Aires

Montevideo

Chile

Argentina

チリ（Chile）
ウニ、サーモン、ワインを日本に輸出。

Patagonia

③

マテ茶 (mate)
アルゼンチン、ウルグアイ、パラグアイ、ボリビアなどで広く飲まれ、独特の茶器を使う。

*Estrecho
de Magallanes*

❹ブエノスアイレス (Buenos Aires)
港湾地区のカミニート通りはタンゴ (tango) 発祥の地。

**❻イグアスの滝
(Cataratas del Iguazú)**
アルゼンチンとブラジルの国境にある世界最大の滝で迫力満点。

❼マチュピチュ（Machu Picchu）
20世紀になって初めて発見されたインカの遺跡で険しい山に囲まれた秘境にあることから空中都市と呼ばれている。

❸ パタゴニア（Patagonia）
氷河と強風で知られる自然の大地。

パンパ(Pampa)
アルゼンチン中部の広大な草原で、ガウチョ (gaucho) と呼ばれるカウボーイ、そして豪快なステーキで有名。

補足 1
Suplemento 1

Gramática

♩ **1** 未来形 Futuro simple
088

1. 規則動詞

hablar	comer	vivir
hablar**é**	comer**é**	vivir**é**
hablar**ás**	comer**ás**	vivir**ás**
hablar**á**	comer**á**	vivir**á**
hablar**emos**	comer**emos**	vivir**emos**
hablar**éis**	comer**éis**	vivir**éis**
hablar**án**	comer**án**	vivir**án**

動詞の原形に **-é, -ás, -á, -emos, -éis, -án** をつける。

2. 不規則動詞
語幹のみが不規則で、活用語尾は規則活用と同じ。

querer	poder	tener	decir	hacer
querré	**podr**é	**tendr**é	**dir**é	**har**é
querrás	**podr**ás	**tendr**ás	**dir**ás	**har**ás
querrá	**podr**á	**tendr**á	**dir**á	**har**á
querremos	**podr**emos	**tendr**emos	**dir**emos	**har**emos
querréis	**podr**éis	**tendr**éis	**dir**éis	**har**éis
querrán	**podr**án	**tendr**án	**dir**án	**har**án

その他：venir → **vendr**é ; saber → **sabr**é ; salir → **saldr**é ; poner → **pondr**é

3. 未来形の用法
1) 未来のことを述べる（→特に中南米では ir a ～で代用することが多い）
   Julio pronto empezará su nuevo trabajo.
   Mañana iré a la estación para comprar el billete.

2) 現在の推測
   Ahora el banco estará cerrado porque ya son las seis.
   ¿Dónde estará Rubén?

> **未来形とともに使う副詞**
> mañana
> el/la próximo/a año (semana, mes)
> el año (la semana, el mes) que viene

やってみよう

1) Mis padres (venir   ) mañana aquí.

2) ¿Qué hora (ser   ) ahora?

② 過去未来　Condicional simple

089

1. 規則動詞

hablar	comer	vivir
hablar**ía**	comer**ía**	vivir**ía**
hablar**ías**	comer**ías**	vivir**ías**
hablar**ía**	comer**ía**	vivir**ía**
hablar**íamos**	comer**íamos**	vivir**íamos**
hablar**íais**	comer**íais**	vivir**íais**
hablar**ían**	comer**ían**	vivir**ían**

不定詞に **-ía, -ías, -ía, -íamos, -íais, -ían** をつける。

2. 不規則動詞

未来形の語幹を用いて作ることができる。(活用語尾は規則動詞と同じ)

未来形(yo)	dir**é**	podr**é**	tendr**é**	querr**é**	har**é**	saldr**é**	vendr**é**	sabr**é**
過去未来形(yo)	dir**ía**	podr**ía**	tendr**ía**	querr**ía**	har**ía**	saldr**ía**	vendr**ía**	sabr**ía**

3. 過去未来形の用法

1) 過去から見た未来

Me dijeron que vendrían a buscarme a mi casa.

Pensaba que me llamarías por teléfono.

2) 過去への推測

Serían las doce cuando mi padre volvió del viaje ayer.

Estarían todos juntos en la fiesta ayer porque hoy todos parecen muy cansados.

3) 丁寧

Me gustaría hablar contigo esta semana.

¿Podría usted decirme dónde está el servicio?

やってみよう

1) Álvaro nos dijo que (llegar   ) a tiempo a la reunión.

2) Cuando Fabio se casó (tener   ) 30 años.

Ejercicios

1 ( ) 内の動詞を未来形に活用させましょう。 Conjuga los verbos en futuro simple.

1) ¿Vosotros (ver　　　　　　) los fuegos artificiales este verano?

2) Ellos (venir　　　　　) a vernos la semana que viene.

3) Mañana es un día festivo y no (haber　　　　　) clases.

4) El próximo jueves los alumnos le (entregar　　　　　　　) el trabajo al profesor.

5) ¿Tú (acostarse　　　　　　) temprano esta noche?

6) ¿Dónde están tus compañeros? – (Estar　　　　　　) en la cafetería.

7) ¿(Hacer　　　　) buen tiempo mañana? – No, dicen que (llover　　　　　　).

8) El tren (salir　　　　　　) desde la estación de Atocha a las 7.

2 ( ) 内の動詞を過去未来形の形に活用させましょう。 Conjuga los verbos en condicional simple.

1) ¿A dónde te (gustar　　　　　) viajar en el futuro?

2) El abogado le dijo al cliente que le (llamar　　　　　　) al día siguiente.

3) Creo que he perdido el documento. ¿Me (poder　　　　) enviar (tú) una copia?

4) Creía que su equipo (ganar　　　　　) el partido.

5) Lamentablemente, Alberto y Clara nos dijeron no (poder　　　　　) asistir a la boda.

6) (Ser　　　　) las cuatro de la mañana cuando todos volvieron a casa.

7) Yo (tener　　　　　) 12 años cuando conocí a Geraldo.

3 次の文を動詞の未来形や過去未来形を使ってスペイン語に訳しましょう。

Traduce las siguientes frases al español con el futuro simple/condicional simple.

1) スペイン語のコース（curso）は来年の4月から始まる予定です。

[　　　　　　　　　　　　　　　　　　　　　　　　　　　　　　　]

2) 来年、イレネ（Irene）とシモン（Simón）はイタリアで結婚する予定です。

[　　　　　　　　　　　　　　　　　　　　　　　　　　　　　　　]

3) 私は来週パスポートを取る（sacar）つもりです。

[　　　　　　　　　　　　　　　　　　　　　　　　　　　　　　　]

4) 君はコンサートのチケット（entrada）を買うつもりだと言ったよね？

[　　　　　　　　　　　　　　　　　　　　　　　　　　　　　　　]

5) 彼らは私を家に招待してくれると言った。

[　　　　　　　　　　　　　　　　　　　　　　　　　　　　　　　]

6) 私はあなたに何か日本のものを贈りたいのですが。

[　　　　　　　　　　　　　　　　　　　　　　　　　　　　　　　]

Diálogo

♪ 090

Yuka: Pronto terminarás la carrera, ¿no?

Javier: Sí. Ya he encontrado trabajo.

Yuka: ¿Ah sí? ¿Qué vas a hacer?

Javier: Pues... me iré a Japón, a trabajar como profesor de español.

Yuka: ¡Qué sorpresa!

Javier: Y tú, ¿cuándo volverás a Japón?

Yuka: Todavía me quedan unos meses para terminar el curso de español. Volveré en agosto.

Javier: Me gustaría verte allí.

Yuka: Claro que sí. Seguiremos en contacto.

Javier: ¡Nos vemos!

Actividades

Julia と Víctor の予定を教え合いましょう。 Practica con tu compañero.

Modelo: ¿Qué hará Julia el martes? – Tendrá un examen de Química.

A. Julia

lunes: estudiar en la biblioteca
martes: tener un examen de
         Química
miércoles: visitar a sus abuelos
jueves: hacer ejercicio en el
         gimnasio
viernes: ir de viaje

B. Víctor

lunes: ir de compras
martes: trabajar en una academia
miércoles: tener que estudiar
         inglés
jueves: jugar al fútbol
viernes: salir de copas con sus
         amigos

Escucha

♪ 091

La próxima primavera, mis (amigos) y yo (   ) a Japón. En (   ), el *sakura*, o los cerezos, (   ) en flor. Llegaremos a Tokio, pero también me (   ) viajar a Kioto para ver los templos (   ) y pasear por la zona de *Guion*.

補足 2
Suplemento 2

Gramática

♪ 092

1 命令形　Imperativo

> 三つの法
> 直説法 / 接続法 / 命令法

1．túに対する命令形（肯定）

1) 規則動詞

不定詞	hablar	comer	vivir
命令形 (tú)	habla	come	vive

2) 不規則動詞

不定詞	ser	tener	hacer	venir	ir	poner	salir	decir
命令形(tú)	sé	ten	haz	ven	ve	pon	sal	di

3) 目的格代名詞や再帰代名詞を伴う場合：動詞の後ろに結合する。

　　Dime. **Déjalo**. **Olvídate**. **Cuídate**.

やってみよう

1) Ramón, (limpiar　　　　　) tu cuarto ahora mismo.

2) Niña, (sentarse　　　　　　) aquí.

2．tú 否定命令・usted 肯定（否定）命令

→**接続法現在形**を用いる。代名詞の位置は肯定命令の場合は後置、否定命令の場合は活用させた動詞の前に置く。

　　túの否定：No me digas. No te preocupes.

　　ustedの肯定：Siéntese, por favor.　　ustedの否定：No lo tome mal, por favor.

♪ 093

2 接続法現在形　Presente de subjuntivo

直説法が客観的な事実を述べるのに対し、接続法は主観的なこと、架空のことや事実に反することを述べるのに使われる。

1．規則動詞　Verbos regulares

hablar	**comer**	**vivir**
hable	coma	viva
hables	comas	vivas
hable	coma	viva
hablemos	comamos	vivamos
habléis	comáis	viváis
hablen	coman	vivan

1) -ar動詞の活用語尾：
　　-e, -es,-e,-emos,-éis, -en

2) -er, -ir動詞の活用語尾：
　　-a,-as,-a,-amos, -áis, -an

2. 不規則動詞

活用語尾は、接続法現在の規則活用と同じ。

1) 不規則活用の原則：直説法現在1人称単数yoの形を語幹とする。

ex) tengo→tenga ／ conozco→conozca ／ veo→vea ／ hago→haga ／ puedo→pueda

語幹母音変化の動詞では、接続法でもnosotros, vosostrosの語幹が元に戻る。

decir	tener	conocer	poder	volver
diga (←digo)	tenga (←tengo)	conozca (←conozco)	pueda (←puedo)	vuelva (←vuelvo)
digas	tengas	conozcas	puedas	vuelvas
diga	tenga	conozca	pueda	vuelva
digamos	tengamos	conozcamos	**podamos**	**volvamos**
digáis	tengáis	conozcáis	**podáis**	**volváis**
digan	tengan	conozcan	puedan	vuelvan

※ -irで終わる語幹母音変化の動詞では、語幹の変化（nosotros/vosotros）のパターンに注意が必要なものがある。

dormir	sentir	repetir
duerma (←duermo)	sienta (←siento)	repita (←repito)
duermas	sientas	repitas
duerma	sienta	repita
durmamos	**sintamos**	**repitamos**
durmáis	**sintáis**	**repitáis**
duerman	sientan	repitan

2) その他：直説法現在形yoの形から語幹が作れない動詞

ser	estar	haber	ir	saber	dar
sea	esté	haya	vaya	sepa	dé
seas	estés	hayas	vayas	sepas	des
sea	esté	haya	vaya	sepa	dé
seamos	estemos	hayamos	vayamos	sepamos	demos
seáis	estéis	hayáis	vayáis	sepáis	deis
sean	estén	hayan	vayan	sepan	den

094

3. 接続法現在形の用法

通常、従属節の中で用いられる。

1) 願望、命令、依頼

Espero que nos veamos pronto.

Mis padres nos dicen siempre que respetemos a las mujeres.

2) 感情

Me alegro de que estés contento.

Es una lástima que no puedas venir.

3) 否定、反事実、疑惑

No creo que llueva hoy.

Es imposible que aquí haga frío en verano.

Dudo que este chisme sea cierto.

4) 価値判断

Es necesario que usted mismo hable con el dueño de la casa.

Es mejor que llegues una hora antes.

5) 目的、譲歩、（まだ未実現の）時など

He preparado bocadillos pequeños para que los niños puedan comerlos.

Aunque usted diga que no, ayudaré a mis amigos.

Cuando llegue usted aquí, le enseño las fotos.

No me marcharé hasta que me cantes una canción de Enrique Iglesias.

6) その他

¡Ojalá (que) pueda comprar un coche algún día!

1) Quiero que tú (ir   ) al supermercado.

2) Te lo escribo para que (entender   ) mejor.

095

3 接続法過去形 Pretérito imperfecto de subjuntivo

1. 規則動詞

hablar	comer	vivir
hablara	comiera	viviera
hablaras	comieras	vivieras
hablara	comiera	viviera
habláramos	comiéramos	viviéramos
hablarais	comierais	vivierais
hablaran	comieran	vivieran

2. 不規則動詞：直説法点過去3人称複数形をもとに作る

ex) tuv**ieron** → tuv**ieran**　　dij**eron** → dij**eran**

※規則動詞、不規則動詞ともに、活用語尾は -ra のほかに -se の形もある。

3. 接続法過去形の用法

1) 事実に反する仮定

Si tuviéramos una casa más grande, compraríamos otro sofá.

(= Si tuvié**se**mos una casa más grande, compraríamos otro sofá.　全ての動詞で、-ra を -se に置き換えた接続法過去形の形もある)

Si fueras especialista de eso, te haría caso.

2) 時制の一致

Nos pidieron que subiéramos al coche.

(cf. Nos piden que subamos al coche.)

やってみよう

1) ¿Qué harías si te (tocar 　　　　　) la lotería?

2) Mi amigo me pidió que le (ayudar 　　　　　) en su proyecto.

¿読めますか？

① **手書きの数字**　*1, 7, 4*

スペイン語圏の人々の手書きの数字は日本の学校で習う書き方とかなり違うことがあります。

② **@はメルアドだけじゃない！**　*amig@s*

スペイン語には女性軽視や性差別が埋め込まれているという問題意識から、@ を名詞や形容詞の語末で「-o と -a」を兼ねる意味を込めた非公式な書き方を目にすることがあります（amig@s = amigos y amigas）。また、女性を不可視化する男性形複数の profesores ではなく profesorado といった集合名詞を敢えて用いることも推奨されるようになりました。

③ **略語の重複形：EE.UU.　JJ.OO.**

それぞれ Estados Unidos, Juegos Olímpicos の略です。複数形のときは頭文字を重ねます。

Lección 1
Lección 2
Lección 3
Lección 4
Lección 5
Lección 6
Lección 7
Lección 8
Lección 9
Lección 10
Lección 11
Lección 12
Lección 13
Lección 14
Lección 15
補足 1
補足 2
補足資料 Apéndice

Ejercicios

1 （　）内の動詞を接続法現在形に活用させましょう。Conjuga los verbos en presente de subjuntivo.

1) Me alegro mucho de que tu familia (estar _____) bien.

2) Te lo digo para que tú (darse _____) cuenta.

3) Es necesario que la situación de las mujeres (mejorar _____).

4) Espero que tú (poder _____) pasar el examen.

5) No creo que Pedro (ser _____) médico.

6) Quiero que ellos (decir _____) la verdad.

7) ¡Ojalá que ustedes (ir _____) a España y (conocer _____) muchos lugares.

2 （　）内の動詞を **tú** に対する命令形（肯定／否定）にしましょう。Completa con imperativo de tú (afirmativo/negativo).

1) Es tu turno, pero si no quieres, no lo (hacer _____).

2) Hola, (pasar _____). (Poner _____) tu bolso aquí, si quieres.

3) El tren está saliendo. (Darse _____) prisa. (Irse _____).

4) Como hace mucho frío, por favor, (cuidarse _____) mucho.

5) No (gastar _____) tanto dinero en videojuegos.

3 （　）内の動詞を接続法過去形にしましょう。Conjuga los verbos en pretérito imperfecto de subjuntivo.

1) Mi madre no creía que la llamada (ser _____) mía.

2) Nos dijeron que nosotros (ir _____) a su oficina.

3) Me gustaría que usted me (traer _____) el trabajo acabado.

4) Si (yo) (saber _____) el número de teléfono del restaurante, te lo daría.

4 次の文をスペイン語に訳しましょう。Traduce las siguientesf rases al español.

1) 君がこの料理（plato）を気に入ってくれるといいんだけど。

   [_____]

2) 心配しないで。私はうまくいかない（salir mal）とは思っていませんよ。

   [_____]

3) 私たちを手伝ってくれるようあなたにお願い致します。

   [_____]

4) 一体どうしたのか私に言って。

   [_____]

5) 君たちが大学の友だちに会えないことは残念です。

   [_____]

Diálogo

♪ 096

Emilio: Hola, buenos días, doctora.

Doctora: ¡Hola, Emilio! Dígame, ¿qué le pasa?

Emilio: Pues... me duelen mucho los ojos. Espero que no sea nada grave.

Doctora: Bueno, déjeme ver. Abra bien los ojos.

Emilio: Es que me pican mucho.

Doctora: Están un poco rojos. Pero no se preocupe.

Emilio: ¿Es una infección?

Doctora: Sí, pero no es nada grave. Tome, lleve esta receta a la farmacia. Y no se toque los ojos.

Emilio: De acuerdo, muchísimas gracias, doctora.

Doctora: Que se mejore. Adiós.

Actividades

1 教室でのルールを、囲み内の動詞をヒントに命令形で言ってみましょう。

Practica las siguientes frases con el imperativo (afirmativo/negativo).

repetir	dormir
hablar	escuchar
levantarse	comer
sentarse	escribir

2 旧友にメールを書いてみましょう。Escribe un e-mail a un viejo amigo.

 Escucha

♪ 097

Hola, Celia, ¿Cómo (**estás**)? Espero que (   ) contenta con tu nueva vida en Kobe, y que pronto (   ) a Tokio para conocer mi universidad. (   ) cuándo puedes venir, por favor. (   ) que yo no tenga coche, pero no te preocupes, todo está cerca. Espero que nos (   ) pronto. Un abrazo, *Paco*.

補足資料

Apéndice

1 疑問詞 Interrogativos (Lec.3)

Dónde **A dónde** **De dónde**	どこ (where) どこに どこから	¿Dónde estás? – Estoy aquí. ¿A dónde viajamos? – Viajamos a Osaka. ¿De dónde eres? – Soy de Madrid.
Qué **Por qué**	何、何の (what) なぜ (why)	¿Qué estudiáis? – Estudiamos español. ¿Qué idiomas hablas? – Hablo japonés y español. ¿Por qué vives aquí? – Porque es barato.
Quién(es) **A quién** **Con quién**	誰 (who) 誰に 誰と	¿Quiénes son ellos? – Son mis padres. ¿A quién escribes? – Escribo a mi padre. ¿Con quién comes? – Como con María.
Cuándo	いつ (when)	¿Cuándo viajamos? – Viajamos en verano.
Cuánto/a(s)	いくつ（どれだけ） (how many, how much)	¿Cuánto es? – Son 10 euros. ¿Cuántos tamales comes? – Como dos.
Cómo	どのように (how)	¿Cómo estás? – Muy bien, gracias.
Cuál(es)	どの、何 (which, what)	¿Cuál es tu vaso? – Es este.

2 国名と国籍と言語 Países, nacionalidades e idiomas (Lec.3)

> 男性形が子音で終わる場合も、女性形に -a を追加。

	国名	～人（男性）～語	～人（女性）
日本	Japón	**japonés**	japonesa
スペイン	España	**español**	española
メキシコ	México	mexicano	mexicana
ペルー	Perú	peruano	peruana
アルゼンチン	Argentina	argentino	argentina
米国	Estados Unidos	estadounidense	estadounidense
中国	China	**chino**	china
韓国	Corea (del Sur)	**coreano**	coreana
フランス	Francia	**francés**	francesa
イギリス	Gran Bretaña Inglaterra	**inglés**	inglesa
ドイツ	Alemania	**alemán**	alemana
ポルトガル	Portugal	**portugués**	portuguesa
ブラジル	Brasil	**brasileño**	brasileña

3 人称代名詞のまとめ Pronombres personales

	主　格	直接目的格	間接目的格	所有格（前置形）	所有格（後置形）	前置詞格
1人称単数	yo	me	me	mi(s)	mío (-a, -os, -as)	mí
2人称単数	tú	te	te	tu(s)	tuyo (-a, -os, -as)	ti
3人称単数	él ella usted (Ud./Vd.)	lo la	le (se)	su(s)	suyo (-a, -os, -as)	él ella usted
1人称複数	nosotros(-as)	nos	nos	nuestro (-a, -os, -as)	nuestro (-a, -os, -as)	nosotros (-as)
2人称複数	vosotros(-as)	os	os	vuestro (-a, -os, -as)	vuestro (-a, -os, -as)	vosotros (-as)
3人称複数	ellos ellas ustedes(Uds./Vds.)	los las	les (se)	su(s)	suyo (-a, -os, -as)	ellos ellas ustedes

4 序数 Números ordinales

性数一致する。11以上は基数で代用できることが多い。

1º, 1ª primero/a	2º, 2ª segundo/a	3º, 3ª tercero/a	4º, 4ª cuarto/a
5º, 5ª quinto/a	6º, 6ª sexto/a	7º, 7ª séptimo/a	8º, 8ª octavo/a
9º, 9ª noveno/a	10º, 10ª décimo/a		

el tercer (> tercero) mundo, cuarto piso, primeros días, Carlos quinto

5 前置詞 (a, de, con, en, por, para) Preposiciones

a	～に （特定の人）～を	¿A dónde viajas? – Viajo a Kioto. Escribo un mensaje a Akiko. Llamo a Juan.
de	～の（所有） ～から	¿De quién es esta cámara? – Es mía. ¿De dónde son ellos? – Son franceses.
con	～と（一緒）	Voy al concierto con Marta.
en	～の中（上） （交通手段）で	Los libros están en la mesa. Ella viene en coche.
por	理由、手段、空間など	Viajamos por Europa. Me mandó el paquete por correo.
para	目的「～のために」、 方向、期限	Este regalo es para ti. Nos vamos para Segovia. Lo termino para el viernes.

Lección 1
Lección 2
Lección 3
Lección 4
Lección 5
Lección 6
Lección 7
Lección 8
Lección 9
Lección 10
Lección 11
Lección 12
Lección 13
Lección 14
Lección 15
補足 1
補足 2
補足資料 Apéndice

6 曜日　Los días de la semana

日曜日	月曜日	火曜日	水曜日	木曜日	金曜日	土曜日
domingo	lunes	martes	miércoles	jueves	viernes	sábado

7 月　Los meses

1月	2月	3月	4月	5月	6月
enero	febrero	marzo	abril	mayo	junio
7月	8月	9月	10月	11月	12月
julio	agosto	septiembre	octubre	noviembre	diciembre

8 色　Colores

白	黒	赤	黄	青	緑
blanco	negro	rojo	amarillo	azul	verde
茶	グレー	ピンク	紫	オレンジ	金
marrón, café	gris	rosa	violeta, morado	naranja	dorado

9 四季　Cuatro estaciones

春	夏	秋	冬
primavera	verano	otoño	invierno

10 方角　Puntos cardinales

東	西	南	北
este oriente	oeste poniente	sur	norte

簡単スペイン料理レシピ
スペイン風オムレツ
tortilla española

1. Pelamos y cortamos 5 o 6 patatas en rebanadas delgadas.
   （5, 6個のジャガイモの皮をむき、薄切にする）
2. Cortamos 1/2 cebolla en rebanadas delgadas.
   （玉ねぎ半分を薄切りにする）
3. Batimos 5 o 6 huevos suficientemente.
   （5, 6個の卵を十分泡立てる）
4. Calentamos la sartén y freímos las patatas y la cebolla a fuego lento con aceite de oliva. (Podemos calentar todo en el microondas para no utilizar el aceite).
   （フライパンを温めオリーブオイルでジャガイモと玉ねぎに火を通す。油を使いたくなければレンジで加熱）
5. Calentamos el aceite en cantidad suficiente para que no se pegue la tortilla.
   （トルティージャが付かないようにフライパンに十分なオリーブオイルを入れ温める）
6. Mientras tanto, mezclamos los huevos batidos, las patatas y las cebollas y un poco de sal.
   （卵、ジャガイモ、玉ねぎ、塩少々を混ぜておく）
7. Echamos todo en la sartén y cocinamos a fuego lento.
   （フライパンに入れ弱火で加熱）
8. Una vez cuajada, ponemos un plato grande encima de la sartén y damos la vuelta para que la tortilla caiga en el plato.
   （ほぼ固まったら大皿をフライパンに被せ逆さにして取り出す）
9. Agregamos más aceite y deslizamos la tortilla en el plato hacia la sartén dándola el otro lado.
   （オリーブオイルを追加し大皿からトルティージャを滑らせフライパンに戻す）
10. Esperamos hasta que los dos lados se queden dorados a su gusto.
    （両面が好みの焼き色になるまで待つ）

温かくても冷たくても美味しいです。

Vocabulario
単語・表現リスト

Lección 1 (23語)

\<Ejercicios\>
名 coche, libro, estación, diccionario, literatura, universidad, plaza
形 grande, azul
国名・地名 España, Japón, Inglaterra, Francia, Alemania, Argentina

\<Diálogo\>
表現 hola, gracias, qué tal, encantado, mucho gusto, hasta vista, luego

Lección 2 (64語)

\<Gramática\>
名 padre, madre, hijo, niño, abuelo, profesor, estudiante, hombre, mujer, amigo, vaso, teléfono, sombrero, tren, papel, árbol, casa, música, carta, biblioteca, mapa, día, programa, mano, foto, pianista, futbolista, joven, español, japonés, inglés, mexicano, ciudad, ocasión
形 alto, amable, blanco, pequeño, simpático, inteligente, bueno, malo

\<Ejercicios\>
名 hermano, chico, pintor, camarero, mesa, café, calle, oficina, edificio, puerta, médico, cantante

\<Diálogo\>
名 leche, bocadillo, jamón, euro
表現 por favor, de acuerdo, vale
副 aquí

Lección 3 (41語)

\<Gramática\>
動 ser
形 interesante, nuevo, antiguo, bonito
疑問詞 dónde, qué, quién, cómo
名 flamenco, baile, tortilla

国 China, México, Estados Unidos, Inglaterra, chino, estadounidense, Perú, argentino, peruano

\<Ejercicios\>
名 cuaderno, familia, ordenador, tiempo, cámara, zapato, guitarra, queso, pueblo, jersey
形 guapo
副 muy

\<Diálogo\>
名 Matemáticas, verdad

\<Actividades\>
名 lápiz, bolígrafo, goma, texto, teléfono móvil, ventana

Lección 4 (54語)

\<Gramática\>
動 estar, haber (hay)
名 sopa, señorita, Europa, parque, banco, gente, plan, señora, centro, escuela
形 ocupado, cansado, frío
副 cerca, ahora

\<Ejercicios\>
名 examen, tienda, hospital, bar, comedor, sala, mañana, concierto, clase, novio, lado, mochila
形 lleno, caliente
副 enfrente, todavía
表現 al lado de

\<Diálogo\>
名 trabajo, restaurante
形 contento, duro
副 siempre
表現 por qué, ánimo, de nada, perdona

\<Actividades\>
名 derecha, izquierda, iglesia, metro, torre, museo, cafetería, Correos
副 detrás, dentro, lejos, debajo

Lección 5 (78語)

\<Gramática\>
動 hablar, tomar, visitar, estudiar, trabajar, comprar, viajar, invitar, llamar, llegar, comer, beber, leer, vender, aprender, creer, vivir, escribir, abrir, recibir
名 fecha, flor, hoja
副 normalmente, hoy
疑 cuánto
接 y, o
曜日・月 domingo, lunes, martes, miércoles, jueves, viernes, sábado, enero, febrero, marzo, abril, mayo, junio, julio, agosto, septiembre, octubre, noviembre, diciembre
時間 menos, media, cuarto, punto

\<Ejercicios\>
動 desayunar, cenar
名 autobús, piso, fiesta, novela, academia, vecino, artesanía, cumpleaños, festival, diario, tarjeta, Ingeniería

\<Diálogo\>
名 vacaciones, verano, envidia
副 también
接 por eso

\<Actividades\>
名 Literatura, Historia, Administración, Química, Biología, Arquitectura

\<Escucha\>
名 turista, turismo

Lección 6 (49語)

\<Gramática\>
動 querer, pensar, entender, empezar, cerrar, poder, volver, costar, dormir, seguir, pedir, repetir, jugar, entrar, esperar, hacer
名 té, viaje, tarde, avión, pregunta, cerveza, tenis, semana, pescado
接 porque, pero

\<Ejercicios\>
動 usar, tocar
名 guía, película, bicicleta, señor, llave, manzana, piano, camiseta,

videojuegos, silla

<Diálogo>
動 ayudar
形 junto
表現 estupendo

<Actividades>
名 futuro, empresa, extranjero, laboratorio, campo, apartamento

<Escucha 6>
名 comida

Lección 7 (48語)
<Gramática>
動 salir, poner, ver, conocer, saber, dar, tener, decir, venir, ir
名 tarea, televisión, dinero, calor, hambre, sed, sueño, Navidad, helado, número, arroz, supermercado
副 temprano
表現 todos los días, ahora mismo

<Ejercicios>
動 enseñar, preparar, pagar, nadar, apuntar
名 fútbol, baño, noche, reserva, evento, canción, pasaporte
表現 claro

<Diálogo>
動 limpiar, lavar
名 cuarto, ropa, regalo

<Actividades>
名 baloncesto, librería

<Escucha>
名 paella
形 típico
副 allí

L2-L7 練習問題 (7語)
名 apellido, rosa
形 moreno, alegre, bajo, gordo, delgado

Lección 8 (41語)
<Gramática>
動 gustar, doler, parecer, interesar, llover, nevar, cocinar
名 deporte, gazpacho, churro, cabeza, estómago, ojo, tiempo,

viento, sol
接 si, aunque, como
前 a, de, en, con, por, sobre, para

<Ejercicios>
動 descansar
名 cine, otoño, invierno, cultura, béisbol, playa, dulces

<Diálogo>
形 latinoamericano
表現 muchísimo

<Actividades>
名 vino, chocolate, poesía, gafas de sol

<Escucha>
表現 un abrazo

Lección 9 (42語)
<Gramática>
動 levantarse, llamarse, acostarse, lavarse, ponerse, quitarse, ayudarse, morirse, irse
名 chaqueta, mundo
副 ya, derecho, así
形 todo
接 que

<Ejercicios>
動 aceptar, sentarse
名 corbata, tarjeta de crédito, quiosco (kiosco), periódico, revista, refresco, pizarra, entrada, energía, precio, departamento, naranja, marisco
形 natural
副 atrás, pronto, bastante

<Diálogo>
動 encontrarse
名 despacho, pasillo

<Actividades>
動 ducharse
名 aula

<Escucha>
動 terminar
名 pan tostado

Lección 10 (38語)
<Gramática>
動 encontrar, nacer, perder, oír, construir, regalar

名 mes, ensalada, mensaje
形 pasado
副 ayer, anoche

<Ejercicios>
名 lección, francés, cuento, conferencia, noticia, guerra, cartera, aeropuerto, escritor, partido, verduras, cena, panadería, gimnasio, radio
形 mundial

<Diálogo>
動 pasar, dejar
名 caja, nevera, final
形 marrón, increíble, extraño

<Actividades>
代 algo

<Escucha>
国 Cuba

Lección 11 (32語)
<Gramática>
名 exposición, nombre, carne, patatas fritas, accidente, habitación, pintura, pan, fruta
代 que

<Ejercicios>
動 dar un paseo, cantar
名 abrigo, autor, pasajero, reunión, copa, sobrino, folleto
形 viejo

<Diálogo11>
動 disfrutar
名 maravilla, suerte, tour, catedral, corrida de toros,
形 cruel, emocionante, último

<Actividades>
名 templo, kimono
形 divertido

Lección 12 (26語)
<Gramática>
動 correr
名 perro, sofá, ascensor, bolsa
形 alguno, ninguno, importante, honesto
副 nunca
代 nada, alguien, nadie
接 cuando

<Ejercicios>
動 buscar, practicar
名 agua, compra, jardín

<Diálogo>
動 mirar
名 oferta, lugar
形 caro

<Actividades>
動 planear
名 compañero

Lección 13 (36語)

<Gramática>
動 romper, subir
名 vez, tamal, física, vestido
形 educado
国 Rusia

<Ejercicios>
動 enviar, ingresar
名 excursión, maestro, invitado, farmacia, mueble, carta de invitación, sociedad
形 conocido
副 entonces
表現 a mano

<Diálogo>
動 acabar
形 cultural, histórico, internacional

<Actividades>
動 participar, conducir, esquiar
名 concurso, mascota, monte, equipo
表現 por horas

<Escucha>
名 tomate, mar, zarzuela
表現 fin de semana

Lección 14 (37語)

<Gramática>
名 población, época, jugador, recesión
副 antes, más, tan, como, tanto, mejor, peor, mayor, menor,
代 otro
形 suave

<Ejercicios>
名 país, hotel, alemán, pastelería, teatro, tarta
形 popular, famoso, anterior, fácil, largo
副 generalmente

<Diálogo>
名 acueducto, cochinillo, alcázar, cosa
形 asado

<Actividades>
形 rico
疑 cuál

<Escucha>
名 alpaca, color
副 demasiado

Lección 15 (35語)

<Gramática>
動 parar, preguntar, pescar
名 residencia, esquina, río
形 cada, precioso
接 mientras

<Ejercicios>
動 contestar
名 colegio, llamada, terremoto, risa, broma, actor, ensayista, cielo, bachillerato, zoo, grupo
形 correcto
副 frecuentemente
副詞句 a pie

<Diálogo>
名 Nochebuena, cordero, villancico, belén, rey
形 feliz

<Actividades>
名 tipo, pelo

<Escucha>
名 uva, Nochevieja, fuegos artificiales

L8-L15 練習問題 (4語)

名 rebaja, tío
形 enfermo
副 últimamente

[補足1.] (25語)

<Gramática suplemento>
動 casarse
名 billete, servicio
形 cerrado

<Ejercicios suplemento>
動 asistir, entregar, sacar, ganar
名 curso, alumno, boda, abogado, cliente, copia, entrada
形 próximo, festivo, siguiente
副 lamentablemente

<Diálogo suplemento>
名 carrera, sorpresa, contacto
動 quedar

<Escucha suplemento>
名 cerezo, zona

[補足2.] (36語)

<Gramática suplemento>
動 olvidarse, cuidarse, preocuparse, respetar, alegrarse, dudar, marcharse, contar, sentir
名 lástima, chisme, dueño, proyecto, caso, lotería, especialista
形 imposible, cierto, necesario, mismo
副 ojalá

<Ejercicios suplemento>
動 mejorarse
名 situación, turno, bolso, plato
形 acabado
表現 darse cuenta, darse prisa

<Diálogo suplemento>
動 picar, llevar
名 infección, receta
形 rojo, grave

<Escucha>
名 vida

●写真提供

・Matyas Rehek/Shutterstock.com　　　　　　　　　　p.32 バル
・Vlad Teodor/Shutterstock.com　　　　　　　　　　　p.33 ソル
・Paval L Photo and Video/Shutterstock.com　　　　　p.33 グラン・ビア
・Migel/Shutterstock.com　　　　　　　　　　　　　　p.45 左
・Blue Orange Studio/Shutterstock.com　　　　　　　 p.68 左下
・danm12/Shutterstock.com　　　　　　　　　　　　　 p.68 左下
・その他：Shutterstock.com；那須まどり；岡田敦美

●装丁
　メディアアート

●表紙原案
　那須まどり

改訂版 エスピギータ　―実りのスペイン語―

検印省略	©2017年1月15日　初 版 発 行
	2019年1月10日　第 3 刷 発 行
	2022年1月30日　改訂初版発行
	2023年3月10日　第 2 刷 発 行

著　者　　　　　　　岡 田 敦 美

　　　　　　　　　　那 須 まどり

発行者　　　　　　　原 　 雅 　 久
発行所　　　　　株式会社 朝 日 出 版 社
　　　　　〒101-0065 東京都千代田区西神田3-3-5
　　　　　　　電話 (03) 3239-0271・72（直通）
　　　　　　　振替口座　東京　00140-2-46008
　　　　　　　　　http://www.asahipress.com/
　　　　　　　　メディアアート／図書印刷

乱丁・落丁本はお取り替えいたします
ISBN 978-4-255-55129-6 C1087

本書の一部あるいは全部を無断で複写複製（撮影・デジタル化を含む）及び転載することは、法律上で認められた場合を除き、禁じられています。

朝日出版社 スペイン語一般書籍のご案内

電子書籍

GIDE（スペイン語教育研究会）語彙研究班 編

¡スペ単！ ―頻度で選んだスペイン語単語集（練習問題つき）―

◆様々なスペイン語の初級学習書を分析・解析。
◆学習者が最も必要とする語彙を抽出、文法項目と関連付けて提示。
◆各項目ごとに理解と運用を助ける練習問題を配備。
◆文法項目と語彙グループを結び付けて紹介。
◆豊富な練習問題と読み物資料ページでしっかり楽しく学べる。
◆多角的に語彙を覚えられる意味別・品詞別語彙リスト、単語の意味もついた詳細なさくいんつき。
◆初めてスペイン語を学ぶ人から、指導する立場の人まで幅広く活用できる一冊。

文字検索機能が使える
おまけもご用意しております

●A5判　●本編13章＋読み物資料＋巻末語彙集＋さくいん　●各課練習問題つき　●のべ5200語
●264p　●2色刷　2420円（本体価格2200円＋税）（000371）

小林一宏・Elena Gallego Andrada 著

スペイン語 文法と実践 ―ゆっくり進み、確かに身につく―
Español con paso firme

◆日本人教員とネイティヴ教員の緊密な協力から生まれた自然な語法。　◆簡潔で適格な文法の解説。
　予習と復習のための矢印（→）による関連個所の提示。　　　　　●A5判　●33課　●320p　●2色刷
◆解説内容に沿った多くの例文とこれの理解を援ける註。　　　　　●音声データ付
◆適宜、英語との比較による理解の深化。　　　　　　　　　　　　3080円（本体価格2800円＋税）（000467）

※ アマゾンKindle、紀伊国屋書店Kinoppy、楽天Kobo、Booklive!、hontoなどの電子書籍店でご購入いただけます。
専用端末以外でも、お手持ちのスマートフォンやタブレット（iOS、Android）でお読みいただけます。

福嶌教隆 著

スペイン語圏4億万人と話せる

くらべて学ぶスペイン語 改訂版
―入門者から「再」入門者まで―

DVD＋CD付

◆スペインのスペイン語とラテンアメリカのスペイン語をくらべて、並行してどちらも学べます。
◆全くの初歩からスペイン語を学ぶ人（入門者）も、一通りの知識のある人（「再」入門者）も活用できるよう編集されています。
◆スペイン語圏各地のネイティブの吹込者によるCDや、スペインの美しい映像をおさめたDVD（スペイン語ナレーション付）が添付されています。
◆スペイン語を話すどの場所に行っても、この1冊で充分話し切れること間違いなしです！

●A5判　●15課　●144p　●さし絵多数　●DVD＋CD付　●2色刷
2640円（本体価格2400円＋税）（000552）

高橋覚二・伊藤ゆかり・古川亜矢 著

とことんドリル！ スペイン語　文法項目別

◆文法事項を確認しながら、一つずつ確実なステップアップ　　◆多様な話題のコラムも楽しい♪
◆全27章で、各章は3ページ【基礎】＋1ページ【レベルアップ】で構成　◆スペイン語のことわざをイラストで紹介
◆スペイン語技能検定試験4、5、6級の文法事項がチェックできる！
◆ふと頭に浮かぶような疑問も学習者の目線で丁寧に解説
◆復習問題でヒントを見ながら実力試せる

きちんとやりたい人のための
徹底！トレーニング

●B5判　●27章＋解答例・解説　●200p　●2色刷
2530円（本体価格2300円＋税）（000747）

西川喬 著

ゆっくり学ぶスペイン語

CD付

◆本書はスペイン語を「ゆっくり学ぶ」ための本です。
◆初めて学ぶ人はもちろんのこと、基礎的な知識を整理したい人にも最適です。
◆各課文法別に段階的に進みます。やさしい文法要素から順を追って知識が増やせるように配置しています。
◆各課には「ちょっとレベルアップ」のページがあります。少し知識のある方は、ぜひこのページに挑戦してください。

◆各課の最後に練習問題があります。自分で解いて、巻末の解答で確かめましょう。
◆再挑戦の方向けに、31、32課で「冠詞」と「時制」を扱っています。ぜひ熟読してください。
◆それでは本書で、「ゆっくりと」スペイン語を楽しんで行きましょう。

●A5判　●32課　●264p　●さし絵多数　●2色刷　●CD付　3190円（本体価格2900円＋税）（001081）

（株）朝日出版社　〒101-0065　東京都千代田区西神田3-3-5
TEL:03-3263-3321　FAX:03-5226-9599　https://www.asahipress.com/